가죽 공예의 기초

ICHIBAN YOKU WAKARU HAJIMETE NO KAWA TENUI by Kuniko Notani(NV70200)

Copyright © Kuniko Notani/ NIHON VOGUE-SHA 2013

All rights reserved.

First published in Japan in 2013 by Nihon Vogue Co., Ltd.

Photographer: Shigeki Nakashima

This Korean edition is published by arrangement with Nihon Vogue Co., Ltd, Tokyo
in care of Tuttle-Mori Agency, Inc., Tokyo through Botong Agency, Seoul.

가죽 장인이

전하는

본연의 멋을 살린

작품 만들기

노타니 구니코 지음

정은미 옮김

가죽 공예의 기초

한스미디어

PROLOGUE

"잘 만들 생각하지 마라, 가죽 고유의 멋이 살아있는 가방을 만들어야지."
"기본 기법을 확실히 익혀! 탄탄한 기초에서 응용력이 나온단다."

아사쿠사에 위치한 공방에서 배웠던, 가죽 공예 스승인 아버지의 가르침은
지금도 가슴속에 깊이 새기고 있습니다.
두꺼운 베지터블 가죽을 튼튼하게 꿰맨 리넨사의 바늘땀,
그 주위로 봉긋하게 솟아난 부드러운 가죽.
그 바늘땀과 가죽이 빚어내는 선명한 대비에 무한한 매력을 느낍니다.
가죽은 손바느질하기가 힘들어서 취미로 즐기기 부담스럽다는 분들이 있지만
가죽 공예는 완성했을 때의 기쁨이 더욱 특별합니다.
일상에서 사용하는 물건을 쉽고 단순한 디자인으로 만들어
바늘땀이 아름답게 돋보이는 작품을 만들고자 노력했습니다.
또한 색실을 사용해 가죽의 질감이 풍부해지도록 고안했습니다.
이 책을 통해 많은 분들이 가죽 손바느질의 매력을 느끼며
새로운 취미의 세계를 넓히시길 바랍니다.

노타니 구니코

CONTENTS

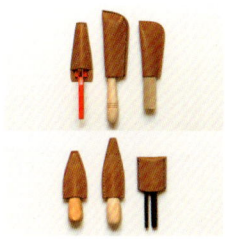

도구 덮개
44 / 46

카드지갑
48 / 50

펜 케이스
52 / 54

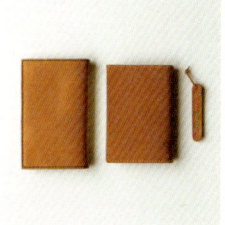

북 커버
56 / 58

동전지갑
60 / 62

수납 상자
70 / 72

미니 숄더백
74 / 76

토트백
78 / 80

액자
90 / 92

지갑
94 / 96

숄더백
100 / 102

브리프케이스
106 / 108

가죽에 대해서

가죽은 우리가 먹는 고기의 부산물입니다. 식용으로 쓰고 남은 껍질을 가공하면 '가죽'이 됩니다.
동물별 개성이 오롯이 드러나는, 보드라운 탄력성을 가진 천연 가죽은 저마다 표정이 다릅니다.
오래 사용할수록 세월의 더께가 쌓여 자연스럽게 변해가는 모습이 가죽의 가장 큰 매력입니다.

무두질에 따른 분류

고기를 분리한 껍질은 그대로 방치하면 부패되고 말라서 딱딱해집니다. 이런 상태를 방지하기 위해서 지방이나 얼룩, 불필요한 물질들을 제거하고 방부성, 내열성, 유연성을 보존하는 일련의 과정을 '무두질'이라고 합니다. 흔히 동물에서 벗겨낸 살갗을 '생가죽', 무두질을 거친 것을 '가죽'으로 구분하며, 무두질 방법에 따라 크게 타닌 무두질과 크롬 무두질로 나눕니다.

	타닌 무두질	크롬 무두질
색상	옅은 갈색	옅은 청회색
산화	색이 짙어진다	거의 변하지 않는다
가소성 (외부에서 힘을 받아 형태가 바뀐 뒤 본래 모양으로 돌아가지 않는 성질)	매우 우수하다	낮다
염색	염기성	산성(열을 가하면 쉽게 염색된다)
흡수성	잘 스며든다	잘 스며들지 않는다
내열성	우수하다	매우 우수하다
탄력성	있다	있다

* 타닌 무두질(식물성)

식물에서 유래한 타닌(떫은맛을 내는 성분)을 이용한 전통적인 가공법입니다. 타닌으로 무두질한 가죽을 '베지터블 가죽'이라고 부르며, 비교적 질기고 탄력 있습니다. 염색 전에는 타닌 특유의 옅은 갈색을 띱니다. 유분을 잘 흡수하고 사용하는 동안 공기와 햇빛에 의해 황갈색으로 변합니다. 불에 타더라도 유해 물질이 발생할 염려가 없습니다.

* 크롬 무두질(광물성)

하늘색 염화크로뮴으로 무두질하는 방법입니다. 타닌 무두질보다 시간과 비용이 절약되기 때문에 대량 생산이 가능합니다. 탄력성, 내열성, 신축성이 좋고 부드러워서 재봉에도 적합합니다. 염색 전에는 옅은 청회색을 띠지만, 염색 후에는 발색이 뛰어나고 쉽게 변색되지 않습니다. 불에 타면 유해물질인 육가크로뮴(Cr^{6+})이 발생하므로 주의해서 버려야 합니다.

이 책에서 사용한 가죽

이 책에 실린 작품은 미국산 성우피(成牛皮, 생후 2년 이상 된 소의 가죽)를 표면이 손상되지 않게
염색한 100% 베지터블 가죽(일본산 가공)으로 만들었습니다.

베지터블 소가죽: 왼쪽부터 갈색, 자주색, 초록색, 남색(형압 가공)

베지터블 돈피
식물성 타닌으로 무두질한 돼지
가죽. 물엿처럼 투명한 노란색을
띠는 것이 특징입니다. 색이 묻
어나지 않아서 주로 안감으로 씁
니다. 일본에서만 생산되며 국내
에서는 '글레이징 돈피'라는 이름
으로 수입·판매하고 있습니다.

베지터블 가죽이란?
식물성 타닌(떫은맛을 내는 성
분)을 이용해 무두질한 가죽을
말합니다.

면적 단위와 섬유조직

일본의 가죽 공장은 무두질 과정에서 척추를 기준으로 반으로 잘라 작업합니다. 가죽 재료전문점에서 보통 '한 장'이라고 하면 이 반재(半裁)한 가죽을 말합니다. 가죽의 면적을 나타내는 단위는 '데시(DS)'라고 부르며 소가죽 한 장이 약 200~300DS입니다. 돼지는 소와 달리 한 장이 한 마리분을 의미합니다. 돼지가죽은 한 장(통가죽)이 약 100~150DS입니다. 등줄기를 중심으로 섬유의 결이 결정되기 때문에 결을 고려하면서 부위에 맞춰 재단하세요. 가죽 표면에 난 상처나 힘줄 자국은 그 나름의 개성입니다. 그 개성을 살리는 디자인을 고민하는 과정 또한 가죽 한 장을 구입할 때 느낄 수 있는 매력입니다.

가죽의 결

베지터블 소가죽
(척추를 기준으로
반 마리 분으로 자른 상태)
238DS, 약 278cm

10cm

10cm

표면(은면)   뒷면(상면)

가죽을 측정하는 단위는 한 변이 10cm인 정사각형을 1DS(Square Decimeter)로 표기하며, 이것을 한 단위로 총면적을 셉니다. 국내에서는 주로 평(30cm×30cm)을 단위로 거래가 이루어지고, 일본을 비롯한 다른 나라는 DS를 사용합니다. 가죽 공예에서는 무두질한 가죽의 표면을 은면(銀面), 뒷면을 상면(床面)이라고 합니다.

도안의 재단 기준

표면이 고르고 잘 늘어나지 않는 부위는 중요한 부분에, 상처나 힘줄이 두드러지는 부위는 안감이나 보강재로 사용하는 것이 좋습니다.

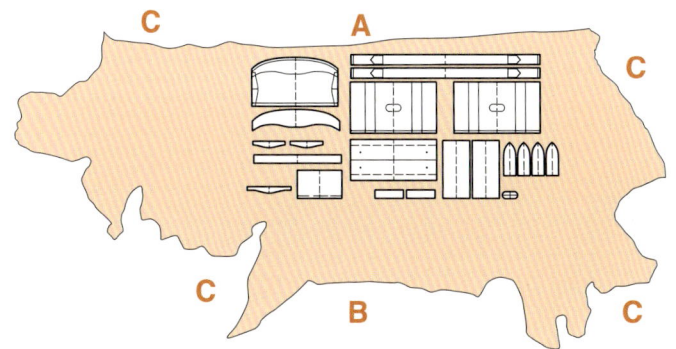

A 등

잘 늘어나지 않고, 가장 질 좋은 가죽을 얻을 수 있는 부위. 몸판이나 옆판 등 견고함과 아름다움이 요구되는 부분에 우선 씁니다. 어깨끈이나 벨트처럼 길고 늘어나지 말아야 할 부분은 등줄기를 따라 재단합니다.

B 배

조직이 성글고 부드러워서 쉽게 늘어납니다. 주머니, 안단과 같이 가방 무게를 지탱하지 않는 부분이나 안감용으로 얇게 깎아서 사용합니다.

C 목, 다리, 엉덩이

근육이 많고 조직이 성글어서 두께가 일정하지 않습니다. 내용물의 무게를 지탱하지 않는 덮개 등으로 사용할 때는 각인을 찍거나 가죽 표면의 주름과 상처를 살려서 디자인해도 좋습니다.

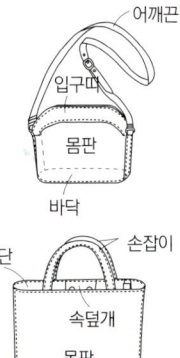

가죽의 경년 변화

처음에는 다소 투박한 느낌의 카드지갑이 시간이 지날수록 서서히 부드러워지고 윤기가 더해져 깊은 멋이 우러납니다. 일상 속에서 변해가는 모습을 즐겨보세요.

관리 요령과 주의사항

가죽은 사용할수록 부드러워지고 광택이 생기기 때문에 계속 사용하는 것이 가장 좋은 손질 방법입니다. 애정을 갖고 정성껏 다루면 따로 손질할 필요가 없습니다. 평상시에는 부드러운 헝겊으로 먼지 및 오염 물질을 닦아내기만 해도 충분합니다.

단, 비를 맞거나 물에 젖는 일이 없도록 조심해야 합니다. 특히 베지터블 가죽은 수분을 잘 흡수하므로 얼룩이 생기기 쉽습니다. 이염 현상으로 흰색과 밝은색 옷이 물들 수도 있습니다.

물에 젖었을 때는 꼼꼼하게 손질하세요. 젖은 부위를 깨끗하고 마른 수건이나 종이로 닦고 신문지를 채워 원래 모양을 잡은 다음 바람이 잘 통하는 그늘에서 말립니다. 햇빛이나 드라이어를 쬐는 고온 급속건조는 가죽의 수축, 경화, 변화로 질감이 손상되므로 피하는 것이 좋습니다.

실에 대해서

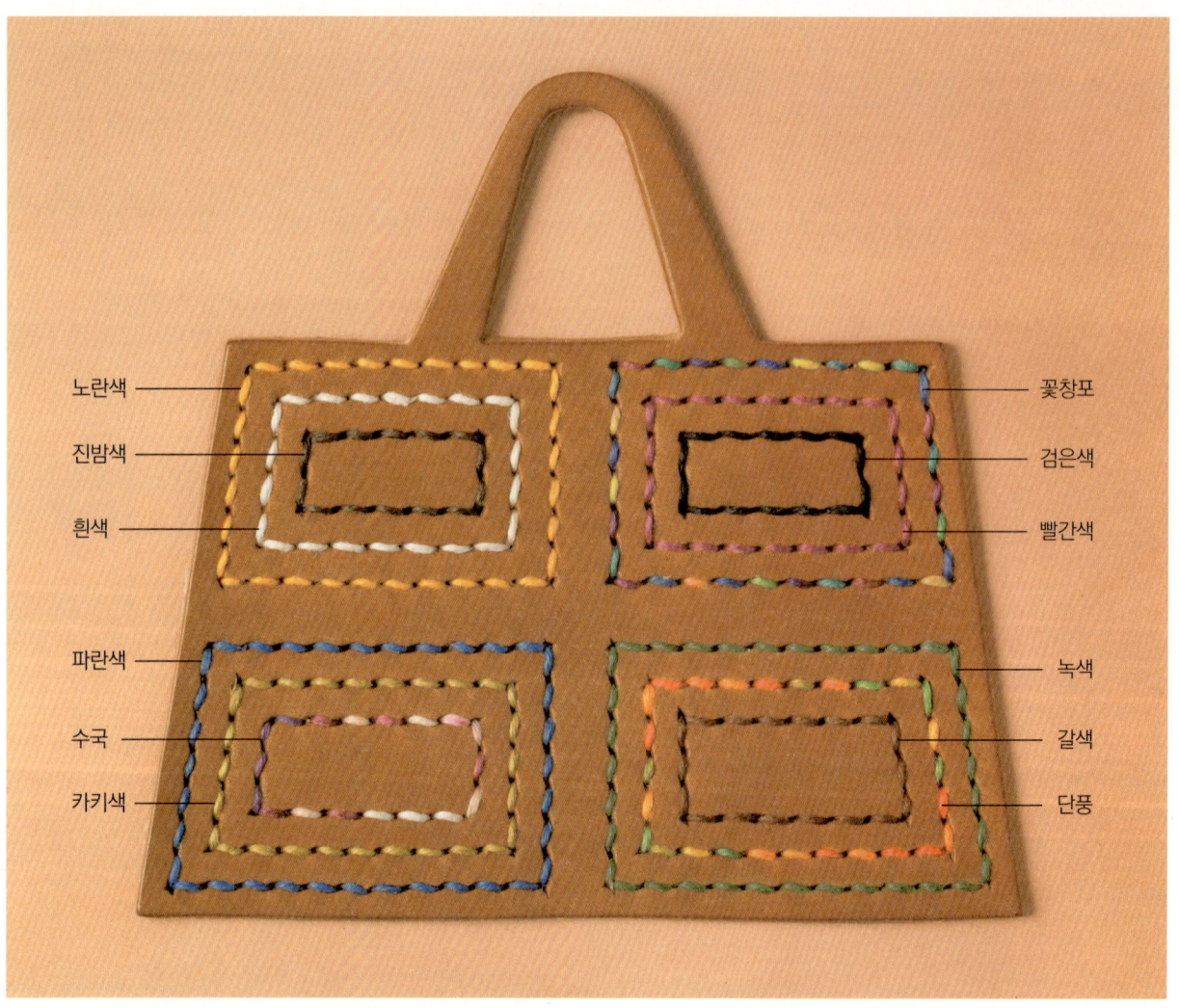

노란색

진밤색

흰색

파란색

수국

카키색

꽃창포

검은색

빨간색

녹색

갈색

단풍

가죽에 맞춰 실을 고르는 과정은 '가죽 손바느질'이 주는 즐거움 중 하나입니다. 가죽 손바느질에 사용하는 실로는 리넨사(아마사) 외에 나일론이나 폴리에스테르로 만든 합성사가 있으며 각 실마다 굵기도 다양합니다. 이 책에서는 자연스러운 질감과 꼬임이 특징

인 리넨사 16수 5합(16/5)을 사용했습니다. 취향에 따라 가죽과 작품에 어울리는 색상을 선택하세요. 사용할 가죽과 어떤 색실이 조화를 이룰지 고민하는 것 또한 가죽 공예가 주는 즐거움입니다.

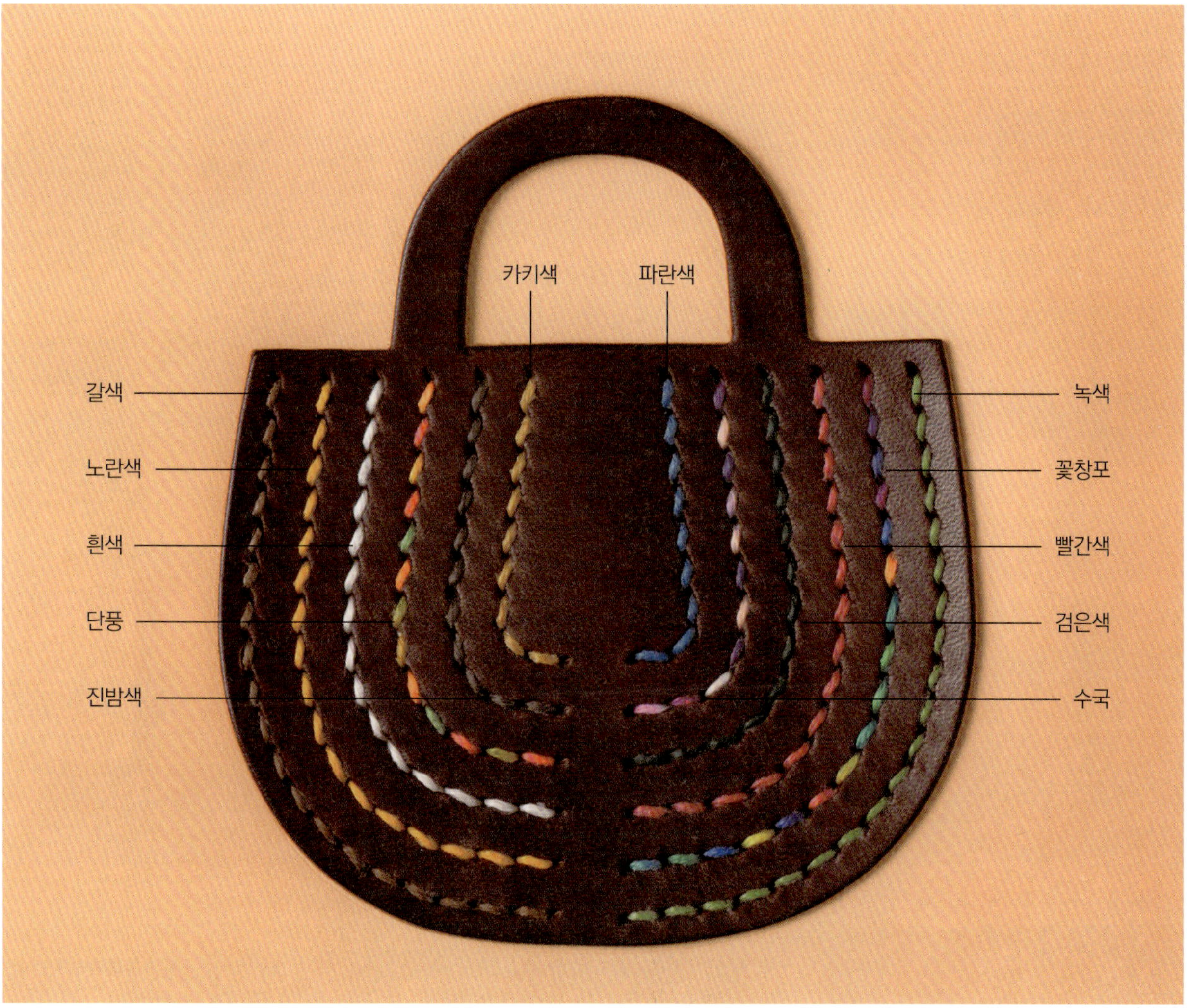

색실/라미노

날염실/가나가와

기본 도구

가죽 공예에 필요한 도구를 소개합니다.
용도에 따라 다양한 제품이 있는데, 처음부터 다 갖추지 않아도 괜찮습니다.
대체할 수 없는 도구도 있지만 이 책에서는 기본 도구를 알려드리니
처음에는 비교적 간단하게 완성할 수 있는 작품을 선택해 만들어보세요.

크리저 가죽 표면에 바느질 보조선을 표시하는 도구. 나사를 돌려 폭을 조절합니다. 장식선(22쪽 참조)을 그을 때도 사용할 수 있습니다.

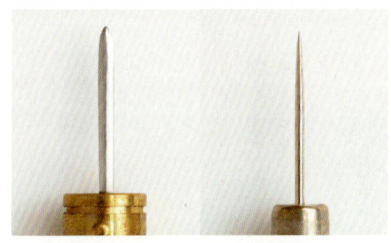

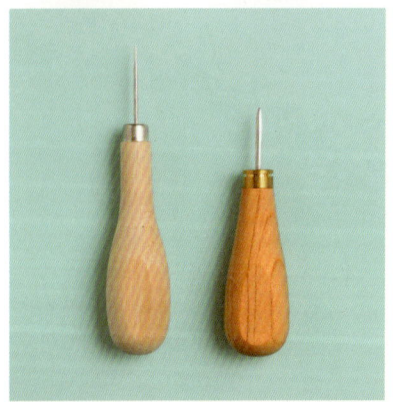

원형송곳 가죽에 도안을 대고 재단선을 그리거나 중요 위치를 표시할 때, 다이아몬드 목타로 뚫은 구멍에 바늘이 잘 들어가지 않을 때 구멍을 넓히는 용도로 사용합니다. 이미 실을 끼운 구멍에 송곳을 넣을 때는 꼭 원형송곳을 쓰세요.

마름송곳 다이아몬드 목타로 뚫은 구멍에 바늘이 잘 들어가지 않을 때 구멍을 넓히는 용도로 사용합니다.

PVC 재단판 가죽을 자를 때 밑에 깔아서 사용합니다. 가죽칼의 칼자국이 생겨도 나무판처럼 거스러미가 일지 않습니다. 또한 가죽 뒷면에 마감제를 바른 뒤 재단판으로 눌러두면 가죽이 휘는 현상을 방지할 수 있습니다.

문진 가죽에 도안을 놓고 본뜰 때 사용합니다. 무거운 물건이라면 종류에 관계없이 대체해서 쓸 수 있지만, 가죽 표면(은면)에 흠집이 생기지 않도록 주의하세요.

가죽칼 가죽을 자르는 전용 칼. 세밀한 부분을 얇게 깎을 때도 사용합니다. 구매할 때는 칼날이 잘 갈려 있는지 확인하세요. 왼손잡이용 가죽칼도 있습니다. 날을 자주 가는 것이 중요합니다.

숫돌 (왼쪽부터 면잡이 숫돌, 중벌 숫돌, 마무리 숫돌) 중벌, 마무리 숫돌은 칼날을 가는 숫돌입니다. 숫돌의 표면이 울퉁불퉁해지면 면잡이 숫돌로 평평하게 고릅니다.

다이아몬드 목타 바느질 구멍을 뚫는 도구로 날 끝이 마름모꼴입니다. '치즐' 또는 '그리프'라고도 합니다. 사진 왼쪽은 2날과 6날 목타(기성품), 오른쪽은 2날과 7날 목타(주문제작)입니다. 반드시 날 간격이 동일한 목타를 한 세트로 준비하세요. 2날 목타는 곡선에 구멍을 뚫기 위한 필수품입니다.

고무판 다이아몬드 목타나 원형 펀치로 구멍을 뚫을 때 가죽 아래 깔면 바닥이 상하지 않습니다.

우레탄 망치 다이아몬드 목타 등을 두드릴 때 사용합니다. 나무망치보다 비교적 조용합니다.

다용도 금속판 작은 것부터 큰 것까지 다양한 구경의 금속 장식을 부착할 수 있는 금속판. 평평한 반대면도 사용 가능합니다.

누름쇠(몰드) 두 사이즈의 스프링스냅 누름쇠 세트, 원형 펀치입니다. 다용도 금속판과 사이즈를 맞춰서 사용하세요.

실 튼튼하고 탄성 있는 리넨사를 준비합니다. 나일론 실을 사용해도 좋습니다.

밀랍 실에 바르면 점성이 생겨 보풀이 줄어들고, 꼬임이 풀리거나 벌어지는 것을 방지합니다. 또한 바늘땀이 풀리지 않도록 고정시키는 역할을 합니다.

바늘 가죽 공예용 바늘은 '새들러 바늘'이라고 하는데 천을 꿰매는 바늘에 비해 굵고 끝이 뭉툭한 것이 특징입니다. 두꺼운 재봉용 바늘을 사용해도 되지만 가죽이 손상되지 않도록 바늘 끝을 갈아 써야 합니다. 실의 굵기에 맞춰 준비합니다.

마른 헝겊 가죽 뒷면이나 단면을 문지를 때 사용합니다. 섬유 먼지가 적게 나오는 무명천이나 손수건 등이 적당합니다.

사포 단면을 매끄럽게 다듬을 때 사용합니다. 종이 사포(오른쪽 아래)는 입자가 고운 것부터 거친 것까지 종류가 다양합니다.

마감제(토코놀) 가죽 뒷면에 발라 보풀을 정리하거나 단면을 마무리할 때 사용합니다.

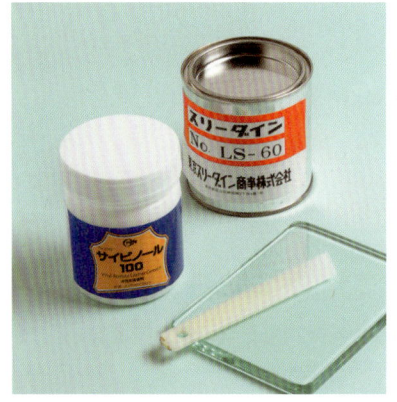

접착제 가죽끼리 접착할 때, 실이 풀리지 않게 매듭지을 때, 안감을 붙일 때 사용합니다.

고무계 접착제 바느질할 가죽의 양쪽에 바른 뒤 반건조 상태에서 붙입니다. 접착제로 접착하기 어려운 부분이나 임시로 고정할 때 사용합니다.

유리판 실을 바늘에 꿸 때, 가죽을 접착할 때 롤러 대용으로 쓰거나 가죽을 얇게 깎을 때 받침으로 사용할 수 있습니다.

주걱 접착제를 넓게 펴 바르는 데 씁니다.

기본 기법

이 책에 실린 작품을 만들기 위한 기본 기법을 소개합니다.

가죽 재단하기

가죽 표면이 위로 오게 놓고 가죽칼로 자릅니다.
재단할 때는 반드시 재단판이나 커팅매트(눈금이 그려진 고무매트)를 깔고 작업합니다.

가죽칼

앞면　　　　　뒷면

사진의 가죽칼(이하 칼)은 구입할 때부터 날이 갈려 있습니다. 숫돌은 중벌용과 마무리용(12쪽 참고)을 준비합니다. 칼날이 비스듬한 쪽이 앞면입니다.

*왼손잡이용 칼도 있으므로 주로 사용하는 손에 맞춰 준비합니다. 이 책에서는 오른손잡이용으로 설명합니다.

가죽칼 잡는 요령

O

칼날의 앞면이 안쪽을 보게 놓고 엄지를 세워서 손잡이에 붙여 단단하게 쥡니다.

X

칼날의 앞면이 바깥쪽을 향하게 하거나 손잡이를 그냥 잡으면 부드럽게 자르기 어렵습니다.

칼날 가는 법

설명에서는 중벌 숫돌을 사용했습니다. 사용할 숫돌에 따라 다르지만, 숫돌은 미리 물에 담가서 물을 충분히 흡수시킨 뒤 사용합니다.

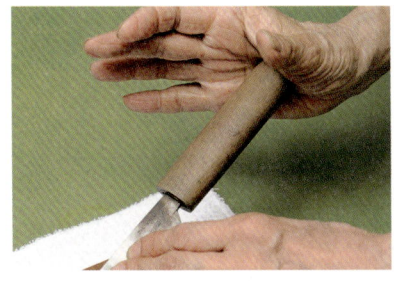

1 손잡이를 오른손 손바닥으로 눌러서 감싸 쥡니다.

2 칼날의 각도를 일정하게 기울이고 왼손을 칼날에 얹습니다.

3 숫돌 전체 면을 이용해 수평하게, 날 끝이 '꺾일' 때까지 앞뒤로 문지릅니다. 이때 칼날이 일정한 각도를 유지하며 숫돌에 완전히 밀착되도록 주의합니다.

4 날 끝이 꺾이면 칼을 뒤집어서 약지와 소지 사이에 칼 손잡이를 끼워 잡습니다.

5 숫돌 우측에 날 뒷면을 약 2cm가량 밀착시킨 뒤 꺾인 날 끝이 반듯해질 때까지 밀고 당기기를 반복합니다. 날 끝의 거칠거칠한 느낌이 사라지면 날이 다 갈린 것입니다.

* 중벌 숫돌부터 마무리 숫돌로 바꿔가면서 같은 작업을 반복합니다.

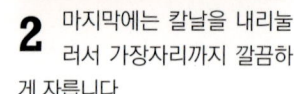

직선 자르는 법

가죽칼은 한쪽에만 날이 있기 때문에 가죽과 칼을 잡은 손이 수직을 이루면 단면이 비스듬하게 잘립니다. 칼날의 경사면이 가죽에 직각으로 닿도록 오른쪽으로 약간 기울여서 잡습니다.

1 가죽 표면에 재단선을 긋습니다(18쪽 참조). 재단판을 깔고, 재단 시작점에 칼날을 댑니다. 칼을 천천히 몸 쪽으로 당깁니다. 한 번에 잘리지 않을 때는 여러 번 반복합니다.

2 마지막에는 칼날을 내리눌러서 가장자리까지 깔끔하게 자릅니다.

모서리 자르는 법

시작은 직선 자르는 법과 동일합니다.

1 한 변을 다 잘랐으면 칼 끝을 모서리에 정확하게 맞추고 칼날을 내려 자릅니다.

2 가죽을 돌려서 방향을 바꾸고 다시 자르기 시작합니다.

3 마지막에는 항상 칼날을 내리눌러서 깨끗하게 자릅니다.

곡선 자르는 법

시작은 직선 자르는 법과 동일합니다.

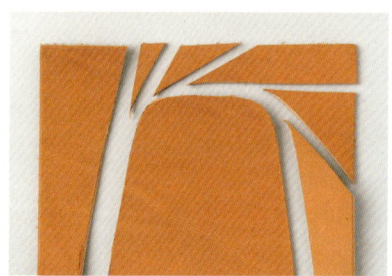

1 먼저 곡선 부분을 그대로 지나쳐 똑바로 자릅니다.

2 곡선이 둥글수록 한 번에 자르려 하지 말고 곡선 바깥쪽으로 피해가면서 여러 번 나눠 자릅니다.

가죽 깎음질

작품을 제작할 때 디자인에 따라 조각을 얇게 만드는 과정을 거쳐야 할 경우가 있습니다. 국내에서는 이 과정을 '피할(皮割)' 또는 '스카이빙(skiving)'이라고 합니다. 가죽을 부분적으로 깎아낼 때 쓰는 방법입니다. 재단판은 칼날이 잘 박히므로 유리판을 깔고 작업합니다.

〈가죽칼로 깎기(부분 피할)〉

1 칼날(앞면)을 가죽 뒷면에 댑니다.

2 칼날을 살짝 꽂은 다음 각도를 줄이고 힘을 뺀 상태로 칼을 미끄러뜨리듯 대각선 앞으로 밉니다.

3 용도에 맞춰 조금씩 깎아냅니다.

〈기계로 깎기〉

한 면의 두께를 균일하게 하는 면 피할, 폭이 넓거나 길이가 긴 부분 등의 피할은 기계를 사용해 합니다. 가죽을 가지고 가죽 공예 재료점 또는 전문점을 방문해 상담하세요. 사진 속 피할기는 폭이 좁은 부분이나 가장자리를 얇게 깎아내는 기계입니다.

여유 있게 재단하기

도안선(재단선)보다 더 크게 자르는 것을 '가재단'이라고 합니다. 가죽 위에 도안을 놓고
움직이지 않게 누른 뒤, 도안을 따라 원형송곳을 눕히면서 선을 긋습니다.

1 가죽 표면에 도안을 놓고 손으로 고정한
뒤, 원형송곳으로 재단선을 긋습니다.
큰 조각을 본뜰 때는 문진을 사용하면 편리합
니다.

2 도안선에서 5mm 바깥쪽에 가재단선을
긋습니다.

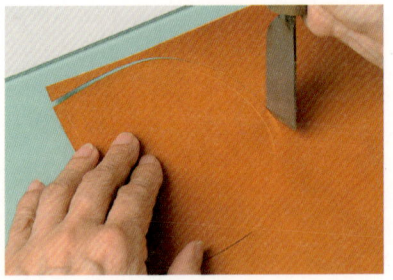

3 가재단선을 따라 자릅니다.

4 가재단을 마친 모습.

도안선대로 자르기

도안선대로 자르는 것을 '재단'이라고 합니다.

1 가재단을 마친 조각의 뒷면을 마감제로
정리합니다(19쪽 참조).

2 도안선을 따라 재단을 합니다.

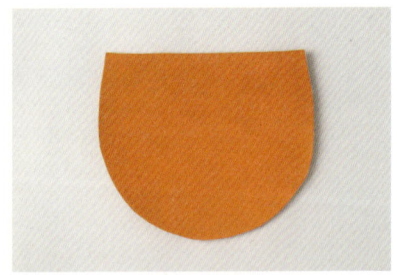

3 재단을 마친 모습.

가죽 뒷면 다듬기

가죽 뒷면에 일어난 잔털을 매끄럽게 다듬기 위해 필요한 작업입니다.

가죽 뒷면 정리하기

뒷면에 마감제를 발라 잔털을 정리합니다.
마감제를 바르면 가죽이 형태를 유지하는 데 도움을 줍니다. 재단판 위에서 작업하세요.

1 뒷면 가운데에 마감제를 덜어놓습니다.

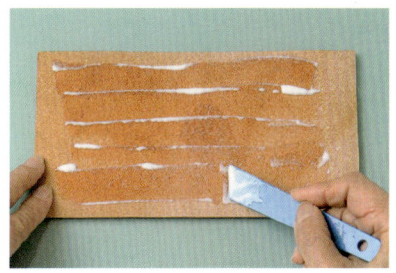

2 주걱으로 넓게 펴 바릅니다.

3 마감제가 비어져 나와 가죽 표면에 묻지 않게 주의하면서 헝겊으로 모서리까지 꼼꼼하게 문지릅니다.

4 가죽이 휘는 현상을 방지하기 위해 재단판으로 눌러둡니다.

안감 · 보강재 붙이기

가죽이 늘어나는 현상을 방지하거나 탄력을 유지하기 위해 가죽 뒷면에 보강재를 붙입니다.
액자 등 뒷면을 깔끔하게 마무리하고 싶을 때 안감용 가죽을 붙입니다.

1 접착제를 주걱으로 넓게 펴 바릅니다.

2 안감(돈피)은 본래 크기보다 여유 있게 준비하세요.

3 겉감과 안감의 안끼리 맞대어 붙입니다.

4 유리판 등을 이용해 문질러서 접착시킨 뒤, 여분은 자릅니다.

단면 마감하기

가죽의 단면을 마감하는 방법으로, 작품 전체의 인상도 크게 달라지므로 신중하게 작업하세요.

단면 정리하기

사포를 사용해서 단면을 매끄럽게 정리합니다. 사포는 종류가 다양하기 때문에 용도에 맞춰 선택합니다(13쪽 참조).

1 단면을 사포로 갈아냅니다.

2 책상 가장자리를 이용해 단면의 모서리를 비스듬하게 깎듯이 사포질합니다. 뒷면도 똑같이 사포질합니다.

3 단면을 다 정리한 모습.

단면 다듬기

마감제를 발라 정리하는 방법을 소개합니다. 단면 다듬기는 만드는 순서에 따라 뒷면을 정리한 다음이나 맞대어 꿰맨 다음, 마지막 마무리에 합니다. 작품을 만들 때 다음 순서를 생각하면서 진행합니다.

1 마감제가 가죽 표면으로 비어져 나오지 않게 주의하면서 면봉 등을 사용해 단면에 마감제를 바릅니다.

2 반쯤 말랐을 때 천으로 마감제를 펴 바릅니다.

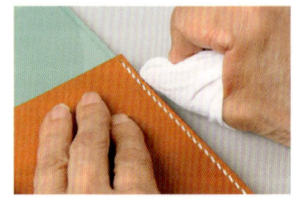

3 엄지에 천을 감아 손톱을 대고 책상 가장자리나 재단판의 높이차를 이용해 옆면-뒷면 모서리-표면 모서리 순으로 문질러서 다듬습니다.

다듬기 전   다듬은 후

〈단면에 색 입히기〉

수록 작품 가운데 숄더백이나 브리프케이스에서 볼 수 있듯이 단면에 가죽 전용 염료를 발라 마감하면 작품의 분위기가 달라집니다. 자투리 가죽에 미리 테스트한 다음 작품에 사용하세요.

1 가죽 표면에 묻지 않도록 조심해서 염료를 바른 뒤 닦아냅니다.

2 염료로 색을 입힌 단면(위는 딥그린, 가운데는 흑갈색, 아래는 무착색).

발색이 뛰어나고 바르기 편한 가죽 전용 수성 염료.

가죽 맞붙이기

두 장의 가죽을 꿰매어 맞붙일 때는 먼저 가죽끼리 붙여줍니다.
접착면이 일어날 정도로 가볍게 사포질하고 난 다음 접착제를 바릅니다.

가죽 전용 접착제 바르기

가죽 전용 접착제는 접착력이 강하고, 마르면 쉽게 떨어지지 않으므로 신중하게 작업하세요.

  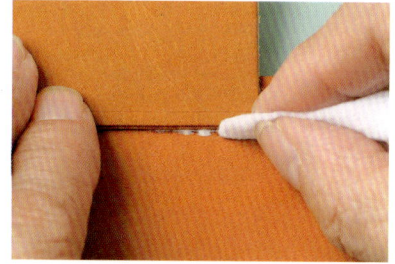

1 접착면을 사포로 문지른 뒤 맞붙일 가죽의 한쪽 면에 가죽 전용 접착제를 바릅니다. 이때 재단판이나 책상 가장자리를 이용하면 편리합니다.

2 맞붙입니다.

3 접착제가 가죽 표면에 묻으면 얼룩이 생기지 않도록 바로 닦아냅니다.

고무계 접착제로 붙이기

가죽 전용 접착제로 붙이기 어려운(금방 떨어지는) 부분을 붙일 때 사용합니다.
접착제보다 접착력은 약하지만 떼었다 다시 붙일 수 있기 때문에 임시로 고정할 때도 사용합니다.

1 맞대어 붙일 가죽의 양쪽 면에 고무계 접착제를 바릅니다.

2 반쯤 마르면 가죽을 맞붙입니다.

3 실수로 가죽 표면에 접착제가 묻었을 때는 마른 뒤 손가락으로 비벼서 제거하세요. 단면에 삐져나온 접착제는 천연 고무클리너로 지웁니다.

크리저로 선 긋기

바느질할 구멍을 뚫을 부분에 긋는 선을 '바느질 보조선(스티칭 가이드)'이라고 합니다.
보조선에 따라서 바느질할 위치가 결정됩니다.

크리저 잡는 요령

크리저는 날이 두 개로 나뉘어 있습니다. 왼쪽 날은 가죽 표면에 얹고, 오른쪽 날은 단면에 맞춰 수직으로 세웁니다. 엄지로 손잡이를 받치고 나머지 손가락으로 감싸 쥡니다.

장식선

선을 한 줄 그음으로써 무표정했던 작품이 강렬해지는 장식선. 기능성이 향상되는 것은 아니지만, 아름답게 만들기 위해 품을 들이는 정성이 나만의 작품을 만드는 매력입니다.

바느질 보조선 긋는 법

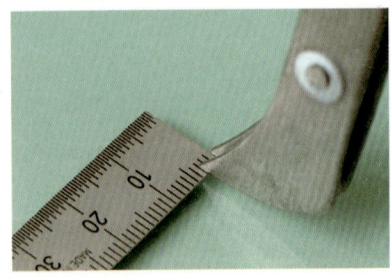

1 크리저의 나사를 돌려 폭을 조절합니다.

2 짧은 날(왼쪽)은 가죽 표면에 얹고, 긴 날(오른쪽)은 단면에 붙입니다.

3 크리저를 직각으로 세우고 몸쪽으로 당기면서 깊게 선을 긋습니다.

다이아몬드 목타로 구멍 뚫기

가죽을 꿰맬 때는 바느질할 부분에 미리 선을 긋고 그 위에 다이아몬드 목타로 구멍을 뚫습니다.
구멍을 뚫을 때는 고무판 위에서 작업하세요.

7날 목타
폭 3.3cm 안에 날 7개가 일정한 간격으로 들어가 있는 것이 7날 목타입니다. 그 외에 날이 8개인 것을 8날 목타, 9개인 것을 9날 목타라고 하며, 날의 개수가 늘어날수록 바늘땀의 간격이 좁아집니다.

2날 목타
곡선을 뚫을 때, 바느질 구멍을 7개 미만으로 뚫고 싶을 때 사용합니다. 2날 목타도 날 간격이 다양합니다. 날 간격이 같은 7날 목타와 2날 목타, 또는 8날 목타와 2날 목타처럼 날 간격이 같은 목타를 반드시 세트로 준비합니다.

직선에 구멍 뚫기

먼저 2날 목타를 이용해 양 끝에 구멍을 뚫고, 간격을 일정하게 맞추기 위해서 구멍의 개수를 조절하며 뚫습니다.

1 고무판을 깔고 가죽 표면이 위로 오게 놓습니다. 2날 목타의 날 하나를 바느질 보조선 모서리에 맞추고 수직으로 세워 망치로 칩니다.

2 반대쪽 모서리도 2날 목타로 구멍을 뚫은 뒤, 처음으로 돌아가 7날 목타를 사용해 구멍을 뚫기 시작합니다.

3 구멍의 간격이 어긋나지 않도록 앞 구멍에 반드시 날 하나를 걸칩니다.

4 미리 뚫어놓은 구멍과 맞아떨어지는 것이 좋지만, 어긋났을 때는 조정해야 합니다. 먼저, 목타를 대서 모서리 구멍에 맞물리는지 확인합니다.

5 (사진의 경우) 7날 목타로 최대한 구멍을 뚫어나가,

6 중간에 2날 목타로 바꾸고 날 하나를 마지막 구멍 가장자리에 살짝 걸쳐서 이동하면서 여러 번 미세한 조정을 반복합니다.

7 날 하나를 마지막 구멍에 겹치는 과정을 반복하면서 모서리 구멍에 딱 맞는지 꼼꼼하게 확인합니다.

8 망치로 때려서 구멍을 뚫습니다. 설명에서는 2날 목타로 미세하게 조정했지만, 7날 목타로 마지막 구멍에 날을 걸칠 때마다 살짝씩 조정해도 괜찮습니다.

9 바느질 보조선을 따라 구멍을 뚫은 모습.

모서리에 구멍 뚫는 법

가로선의 구멍을 뚫은 뒤 세로선의 구멍을 뚫습니다.
2날 목타를 사용해도 됩니다.

먼저 뚫은 구멍(모서리)에 날 하나를 걸쳐서 L자로 뚫습니다.

바느질하기

바늘 준비

바느질을 할 때는 항상 구멍을 미리 뚫고 꿰매기 때문에 바늘 끝이 날카로운 것보다 뭉툭한 쪽이 가죽에 걸리지 않아서 편합니다. 새들러 바늘이 아닌 일반 바늘을 사용할 때는 바늘 끝을 사포 위에 원을 그리듯 돌려서 뭉툭하게 만드세요.

실 꿰기

바늘귀를 통과한 실이 두 겹으로 겹쳐져도 두꺼워지지 않고, 바느질 구멍에 바늘이 부드럽게 통과하도록 실 끝을 깎습니다.
실 전체에 밀랍을 발라 실이 점착성을 가지게 합니다.
밀랍을 바르면 올 풀림과 보풀을 방지하며 실끼리 달라붙어 바늘땀이 견고해집니다.

1 실이 꼬인 반대방향으로 돌려서 실 끝을 가볍게 풀어줍니다.

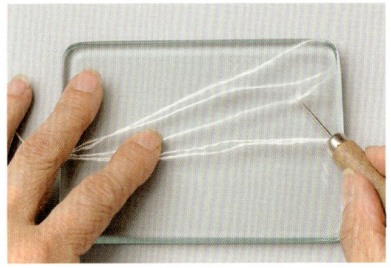

2 유리판 위에 놓고 원형송곳의 날을 이용해 실 끝을 굵어서 깎습니다(7~8cm).

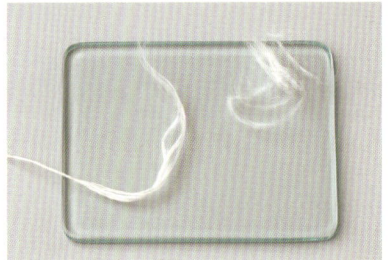

3 실 끝에서 털 뭉치(사진 오른쪽 위)가 나올 때까지 여러 번 꼼꼼하게 굵어냅니다.

4 밀랍과 엄지 사이에 실을 끼워 풀었던 실 끝을 한데 모으듯 밀랍을 바릅니다.

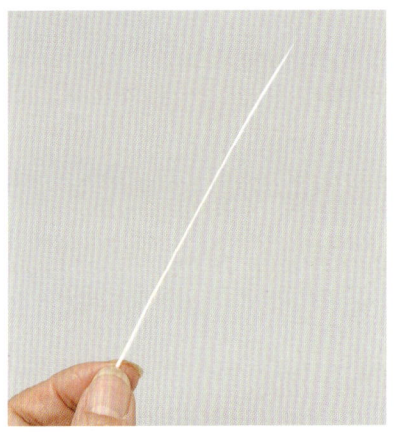

5 풀어놓은 실을 원래대로 꼬면서 빳빳해질 때까지 실 전체에 밀랍을 펴 바릅니다.

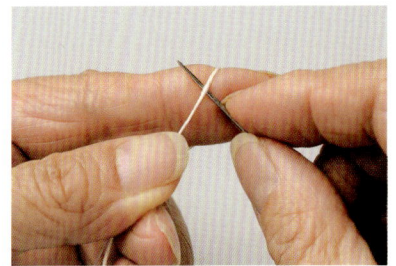

6 밀랍을 바른 실 끝에서 4~5cm가량 떨어진 부분에 실을 가르듯 바늘을 찔러 넣습니다.

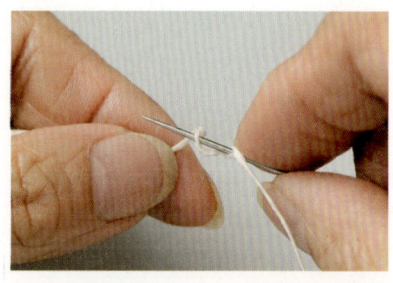

7 다음으로 0.6~0.7cm 정도 간격을 두고 6과 동일하게 3~4회 더 관통시킵니다.

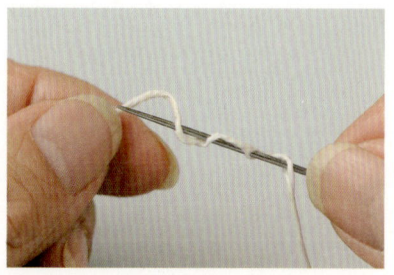

8 실에 바늘을 4회 찔러 넣은 모습.

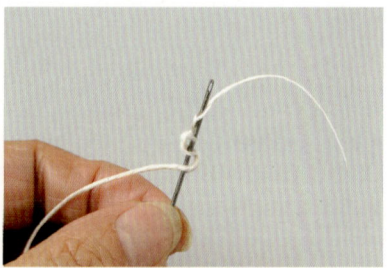

9 바늘귀가 위로 오게 바늘을 잡은 뒤,

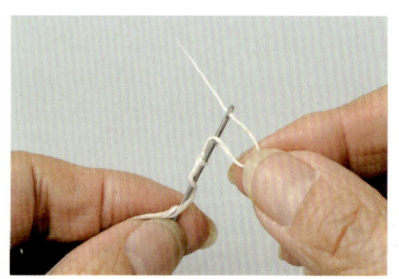

10 실 끝을 바늘귀에 꿰니다.

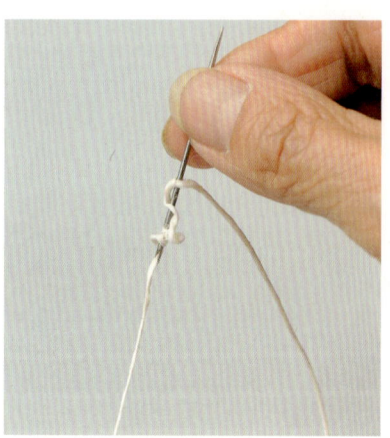

11 바늘 끝을 잡고 바늘에 꽂은 실을 바늘 귀 쪽으로 밀어서

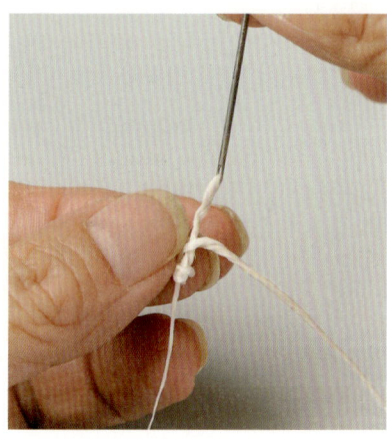

12 꽂은 실 전체를 바늘귀 아래로 끝까지 내립니다.

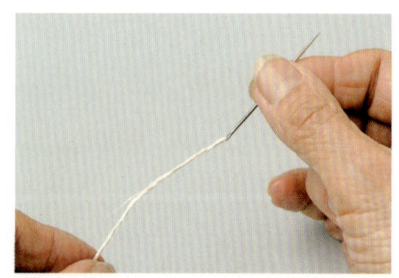

13 반대쪽 실 끝도 똑같이 꿰니다.

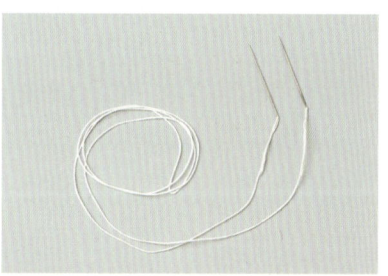

14 바느질할 실 준비가 끝난 모습.

새들스티치

바늘 두 개를 사용하는 기본 바느질 기법으로, 혹여 물건을 사용하는 도중에 실이 끊어져도
바늘땀이 쉽게 풀리지 않는 튼튼한 바느질입니다. 양손에 바늘을 하나씩 잡고 꿰매나갑니다.
가죽은 양 무릎 사이에 끼우거나 세워서 꿰맵니다.

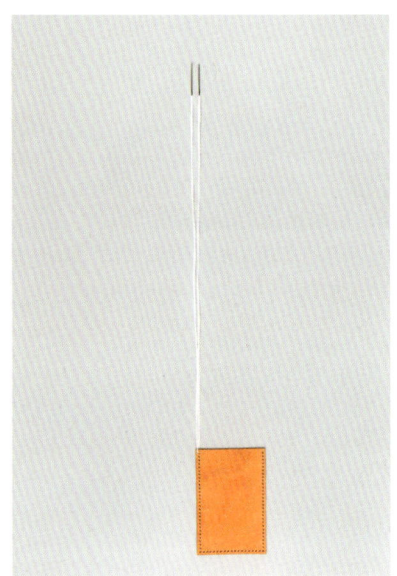

〈바느질 시작하기〉

가죽의 두께에 따라 다르지만,
꿰맬 길이보다 약 3.5~4배 길이의 실을 준비해서
첫 번째 바늘땀에 꿰ㅂ니다.

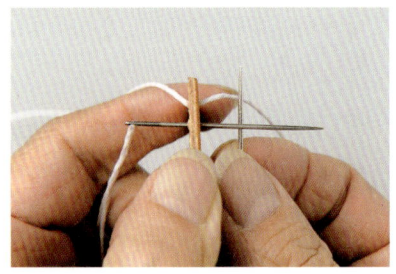

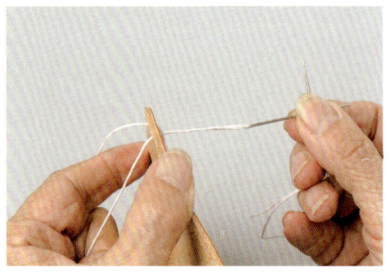

1 바느질 시작땀에 실을 꿰서 양쪽 실의 길이가 같아지도록 맞춥니다.

2 바느질을 할 때는 가죽 표면이 오른쪽으로 오게 잡습니다. 왼 바늘을 두번째 구멍에 넣고 오른 바늘을 왼 바늘 아래 십자 모양으로 겹칩니다. 처음에는 어려워도 익숙해지면 꿰매는 속도도 빨라지고 바늘땀도 가지런해집니다.

3 겹친 바늘을 그대로 잡고 오른쪽으로 당겨서 왼쪽 실을 5~6cm가량 빼냅니다.

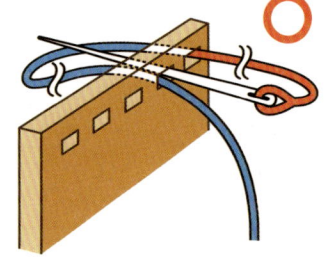

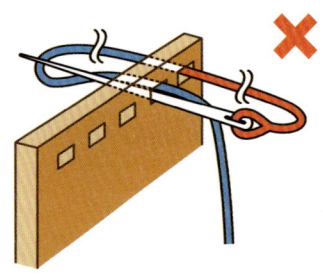

4 그 상태로 오른 바늘을 두 번째 구멍에 넣습니다.

5 이때 반드시 왼쪽 실 안쪽으로 바늘을 넣으세요. 바늘 넣는 방식을 맞추지 않으면 바늘땀이 울퉁불퉁해지므로 한 땀 한 땀 신경 써서 꿰맵니다. 먼저 통과한 실을 움직여서 바늘이 실을 관통하지 않았는지 꼭 확인합니다. 바늘이 실을 관통하면 실이 상하거나 엉키는 원인이 되므로 주의합니다.

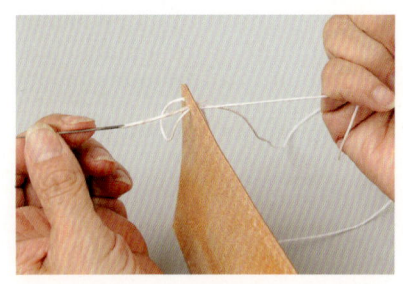

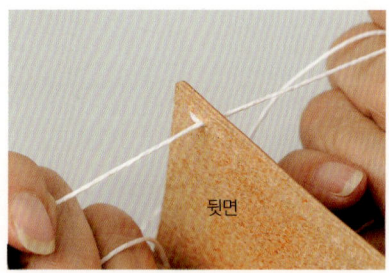

6 바늘이 실을 관통하지 않았는지 확인했
으면 양쪽 실을 똑같은 힘으로 잡아당깁
니다. 실을 관통했을 때는 바늘을 빼서 다시
바느질합니다.

7 양쪽 실을 똑같이 잡아당겨서 첫 번째 바늘땀을 완성한 모습. 2~6 과정을 반복해 바느질을
해나갑니다.

O

X

포니
클램프 사이에 가죽을 끼워 고정하고 위에 걸
터앉아 바느질하는 도구. 새들스티치를 할 때
는 가죽을 세워서 양 무릎 사이에 끼우고 바
느질할 수도 있지만, 무릎에 끼우기 어려운
작은 소품은 포니를 사용하면 단단히 고정돼
서 바느질하기 편합니다.
사진 왼쪽 아래에 있는 것은 가죽을 끼우는
부분을 벌릴 때 사용합니다.

〈매듭짓기①〉

매듭을 묶지 않고 바늘구멍 안으로 실을 숨기는 방법입니다.
가죽 뒷면이 보일 때 사용하는 마감법입니다.

1 마지막 땀에서 세 구멍 전까지 새들스티치를 한 다음 왼 바늘을 3번 구멍에 넣습니다. 오른 바늘은 잠시 놓아둡니다.

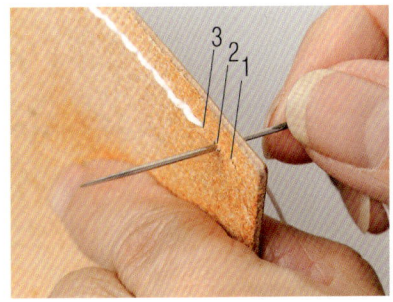

2 홈질하는 요령으로 3번 구멍에서 오른쪽으로 나온 바늘을 2번 구멍에 오른쪽부터 넣습니다.

3 1번 구멍에 왼쪽에서 오른쪽으로 바늘을 통과시켜서 바느질합니다.

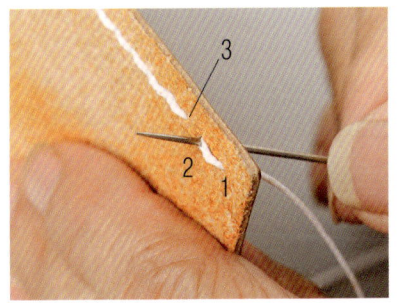

4 같은 바늘로 한 땀 되돌아가듯이 2번 구멍에 오른쪽에서 왼쪽으로 통과시킵니다.

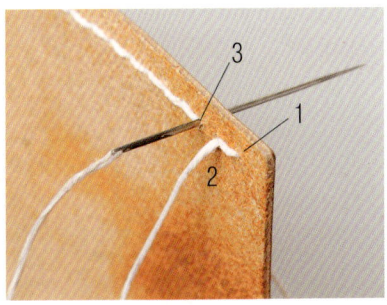

5 왼쪽으로 빼낸 바늘을 3번 구멍에 왼쪽에서 오른쪽으로 넣습니다.

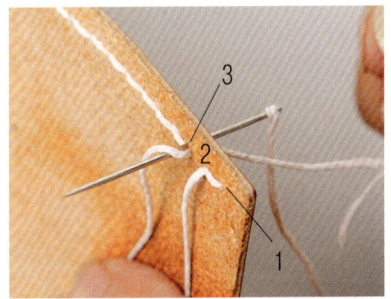

6 왼쪽 실을 5~6cm 오른쪽으로 뺀 다음, **1**에서 잠시 놓아두었던 오른 바늘을 같은 구멍에 넣고 바늘 끝에 왼쪽 실을 한 번 감습니다.

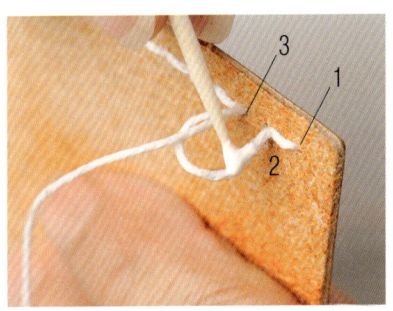

7 오른 바늘을 왼쪽으로 빼고, 가죽 뒷면쪽 실에 이쑤시개 등을 이용해 소량의 접착제를 바릅니다.

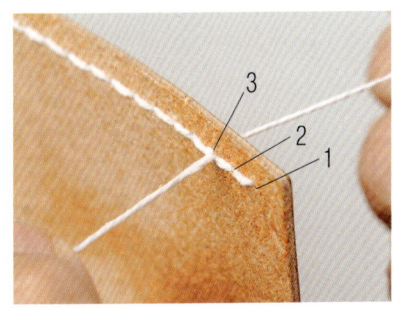

8 양쪽 실을 똑같이 잡아당깁니다.

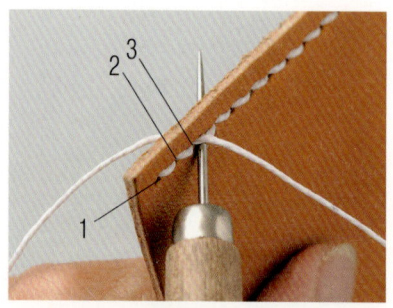

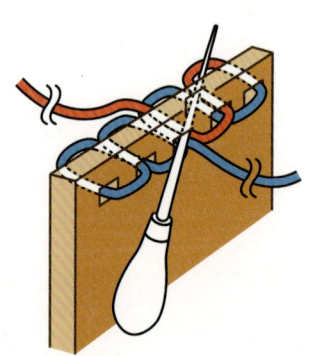

9 세 번째 구멍 표면에서 네 번째 구멍 뒷면을 향해 원형송곳을 비스듬하게 찔러 넣어서 구멍을 벌립니다.

10 9에서 넓힌 구멍에 오른 바늘을 통과시킵니다.

11 실을 다 빼내기 전에 표면 쪽 실에 소량의 접착제를 바른 뒤, 실을 끝까지 잡아당깁니다.

12 이때 표면에 접착제가 번지면 바로 닦아냅니다.

13 가죽 뒷면으로 나온 실 두 개를 바짝 자릅니다.

14 실 끝에 접착제를 바릅니다.

15 우드 슬리커 손잡이 등으로 평평하게 누릅니다.

표면

뒷면

〈매듭짓기②〉

〈매듭짓기①〉을 할 수 없는 부분이나 매듭이 보이지 않는 뒷면은 안쪽에서 실을 묶어서 마무리합니다.

1 마지막 한 땀이 남을 때까지 새들스티치를 하고, 표면 쪽 실을 마지막 구멍에 넣어 뒷면으로 빼서 묶습니다. 매듭 아래에 소량의 접착제를 바릅니다.

2 양쪽 실을 당깁니다.

3 매듭 위에 접착제를 바릅니다.

4 한 번 더 묶습니다.

5 매듭 바로 위에서 실을 자르고,

6 우드 슬리커 손잡이 등으로 눌러서 되도록 평평하게 만듭니다.

〈실 잇는 방법〉

바느질 도중에 실이 부족할 때는 실 끝을 확실하게 마무리한 뒤, 새 실로 바느질을 계속합니다.
남은 실이 너무 짧으면 잇기가 어려우므로 10cm가량 남깁니다.

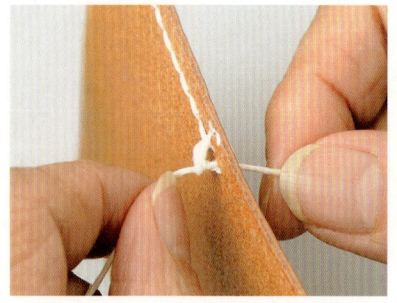

1 〈매듭짓기①〉의 **6**(29쪽 참조)처럼 바늘 끝에 실을 한 번 감고 뒷면 쪽 실에 접착제를 발라 실을 잡아당깁니다.

2 원형송곳을 하나 앞 구멍에 비스듬하게 찔러 넣어서 구멍을 벌리고,

3 오른 바늘을 통과시켜 표면 쪽 실을 뒷면으로 뺍니다.

4 실 끝은 빠지기 쉬우므로 남겨둡니다.

5 새 실(여기에서는 알아보기 쉽게 초록색)을 준비해 흰색 실의 마지막 바늘땀 구멍에 넣습니다.

6 새들스티치를 합니다.

7 다 꿰매면 흰색 실을 바짝 자릅니다.

8 접착제를 발라 우드 슬리커 손잡이 등으로 평평하게 누릅니다.

표면

뒷면

〈더블스티치〉

바느질 마지막 땀을 튼튼하게 꿰매기 위해 무게를 지탱하는 부분 등은 이중으로 바느질합니다.
실은 꿰멜 길이보다 약 10배 길게 준비합니다.

   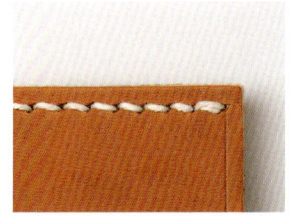

1 바느질 시작땀을 새들스티치 한 뒤, 오른 바늘을 첫 번째 구멍에 넣습니다.

2 오른 바늘을 다시 원래 구멍에 넣습니다.

3 그다음부터는 그대로 새들스티치 합니다.

4 첫 번째 바늘땀에 두 번 바늘을 통과시킨 '더블스티치' 완성.

〈배색해서 바느질하는 법〉

펜 케이스(52쪽)와 브리프케이스(106쪽)에서 사용한, 색이 번갈아 나타나는 바느질입니다.

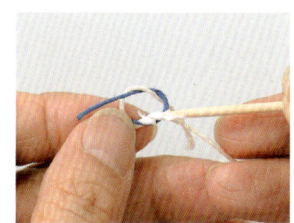 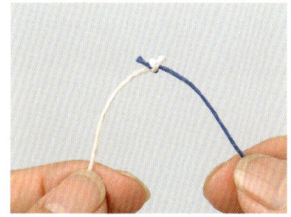 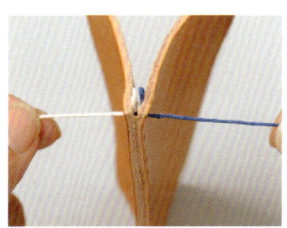 

1 서로 다른 색실을 두 가지 준비합니다. 실 끝을 한 번 묶은 뒤 접착제를 바르고,

2 풀리지 않게 다시 한 번 단단히 묶어 실 끝을 짧게 자릅니다.

3 매듭을 숨기기 위해 맞붙이는 가죽 사이에 매듭을 끼웁니다.

4 새들스티치를 합니다.

* 바느질이 끝나면 실 잇는 방법(32쪽 참조) 또는 매듭짓기②(31쪽 참조)로 마무리합니다.

크로스스티치

바늘땀이 X자가 되도록 양쪽 실을 교차하면서 바느질하는 기법입니다. 실이 겹치는 방향을 통일하면 깔끔하게 완성됩니다.
실은 꿰맬 길이보다 6배 정도 길게 준비합니다. 가죽 두 장을 나란히 붙여서 꿰맬 때는 바느질 시작땀에 힘이 실리므로
실을 한 번 옆으로 걸친 뒤, 바느질을 시작합니다.

 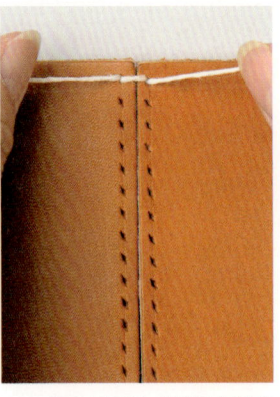  

1 표면으로 실을 뺍니다. 왼 바늘을 오른쪽 구멍에 넣어 왼쪽 구멍으로 뺍니다.

2 실을 당겨서 길이를 똑같이 맞춥니다.

3 왼쪽 실을 1번에 넣어 2번으로 뺍니다. 오른쪽 실을 3번에 넣어 4번으로 뺍니다.

4 한 땀씩 실을 당기면서 꿰매나갑니다. 바느질이 끝나면 실을 묶어서 매듭짓습니다(31쪽 참조).

헤밍스티치

실을 가로로 걸쳐서 바느질하는 기법입니다. 바늘 한 개로 꿰매는 방법과 두 개로 꿰매는 방법이 있습니다.
필요한 실의 길이는 바느질하는 방법에 따라 다르지만 꿰맬 길이의 약 10배, 가죽이 두꺼울 때는 더 길게 준비합니다.

〈바늘 한 개로 꿰매기〉

 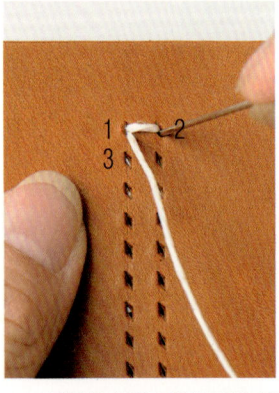 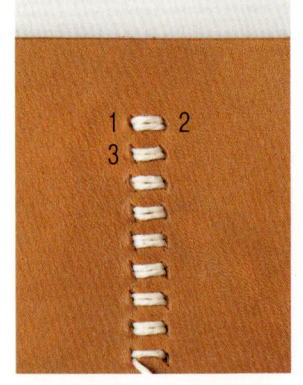 

1 한쪽 실 끝에 매듭을 짓고 바늘을 1번 구멍으로 뺍니다.

2 가로로 실을 걸쳐서 2번 구멍에 바늘을 넣고 실을 끝까지 당긴 뒤 1번으로 빼서 다시 한 번 2번에 넣습니다.

3 2번 뒷면에서 3번 표면으로 바늘을 빼서 1~2 과정을 반복합니다.

4 뒷면의 바늘땀은 지그재그 모양이 됩니다. 바느질이 끝나면 묶어서 매듭짓습니다(88쪽 참조).

〈바늘 두 개로 꿰매기〉

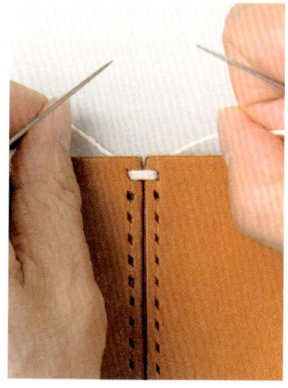

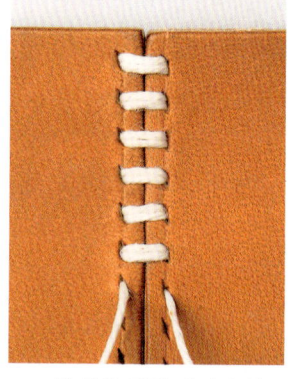

1 양쪽 실 끝에 각각 바늘을 꿰고 바늘 두 개를 뒷면에 서 표면으로 빼서 양쪽 실의 길 이를 똑같이 맞춥니다. 한 구멍 에 두 번씩 바늘을 통과시키고 실을 넘겨서 팽팽하게 당깁니다.

2 한 땀을 꿰맬 때마다 양쪽 실을 똑같은 힘으로 당겨서 바늘땀을 가지런하게 합니다.

3 뒷면의 바늘땀은 X자 모양 이 됩니다. 바느질이 끝나 면 묶어서 매듭짓습니다(31쪽 참 조).

금속장식 달기

버클, 사각링(D링)

숄더백(100쪽)의 어깨끈에 사용한 버클과 사각링입니다.
벨트를 만들 때도 쓸 수 있습니다.

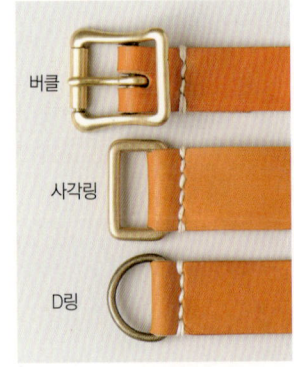

버클

버클

사각링

D링

1 원형송곳으로 구멍을 뚫을 위치를 표시하고,

2 원형 펀치로 구멍을 뚫습니다.

3 원형송곳으로 구멍과 구멍을 잇는 선을 긋습니다.

4 자를 대고 그은 선을 따라 칼로 자릅니다.

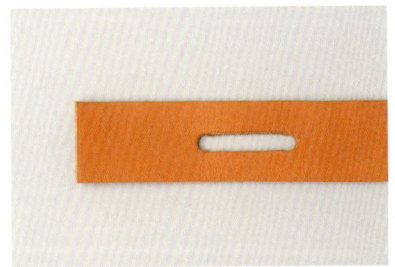

5 버클 구멍을 뚫은 모습.

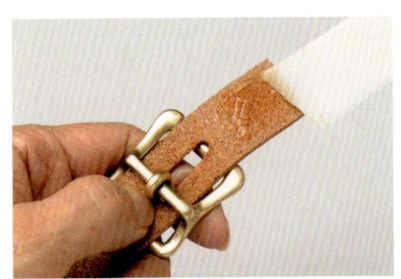

6 버클 구멍에 버클 핀을 끼워 넣고 고무계 접착제를 바릅니다.

7 접착 후 다이아몬드 목타로 바느질 구멍을 뚫습니다.

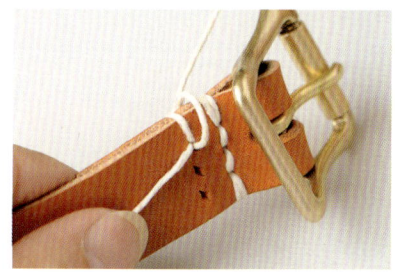

8 실을 준비해서 바느질 시작땀과 마지막 땀은 옆으로 두 번 걸치고 새들스티치를 합니다.

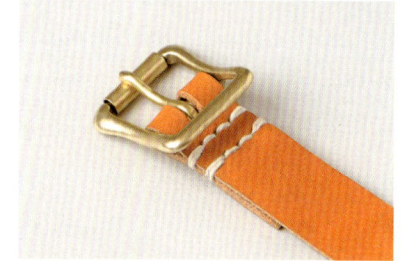

9 버클을 단 모습.

10 원형 펀치로 구멍을 뚫습니다.

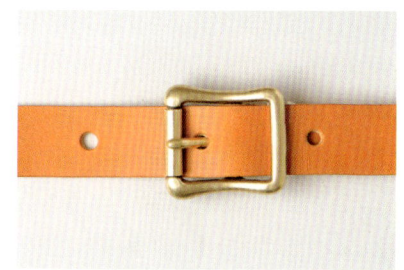

11 버클 핀을 구멍에 넣은 모습.

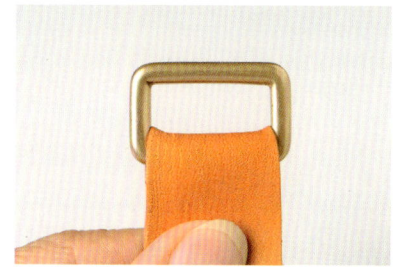

12 반대쪽 끝에 사각링을 끼웁니다. 사각링(D링)의 안지름보다 가죽 폭이 넓을 때는,

13 원형 펀치로 양 끝을 반원 모양으로 뚫습니다.

14 사각링과 가죽이 잘 맞물린 모습.

타원 펀치
버클에 맞춰 사이즈를 선택합니다. 2~4까지 과정을 한 번에 생략할 수 있어 편리합니다. 사용법은 원형 펀치와 동일합니다.

리벳(가시메)

브리프케이스(106쪽)에 사용한, 가죽을 고정하는 금속장식입니다. 양면 리벳, 단면 리벳 등 종류가 다양하고, 발의 길이가 각각 다르므로 가죽 두께에 맞춰 선택합니다. 리벳의 머리와 발 형태에 따라 상단 리벳 세터와 하단 받침을 구분해서 사용합니다.

발　　　　　머리

1 원형 펀치로 구멍을 뚫습니다(36쪽 참조).

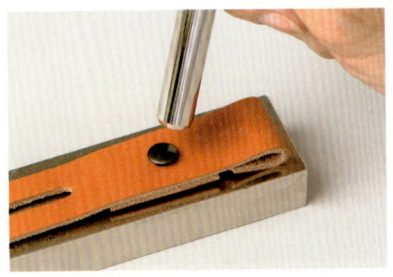

2 1에서 뚫은 구멍에 리벳의 발을 뒤에서 끼워 넣고, 발에 머리를 덮습니다.

3 리벳 세터를 직각으로 세우고 망치로 두드립니다.

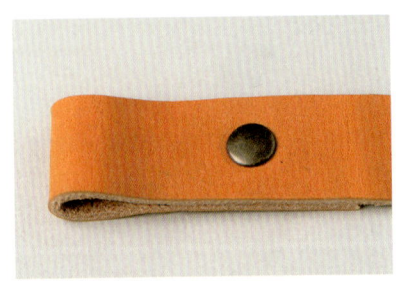

4 리벳이 돌아가지 않고 단단히 고정되었는지 확인합니다. 움직이면 조금 더 두드립니다.

리벳 부착하는 방법

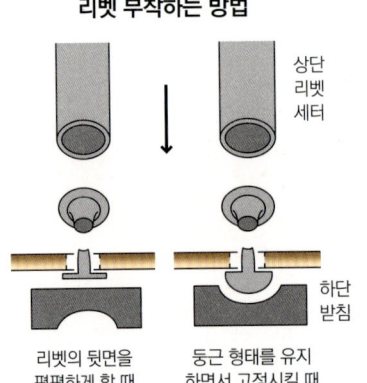

상단
리벳
세터

하단
받침

리벳의 뒷면을　　　둥근 형태를 유지
평평하게 할 때　　　하면서 고정시킬 때

스프링스냅(똑딱단추)

토트백(78쪽)의 속덮개에 사용한 스프링스냅을 부착하는 방법입니다.
단추의 모양에 맞춰 누름쇠와 금속판을 구분해서 사용하세요.

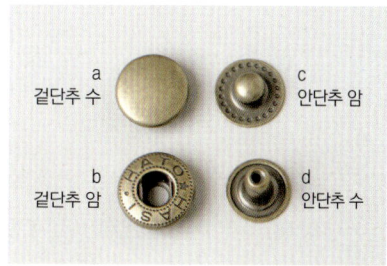

a 겉단추 수
c 안단추 암
b 겉단추 암
d 안단추 수

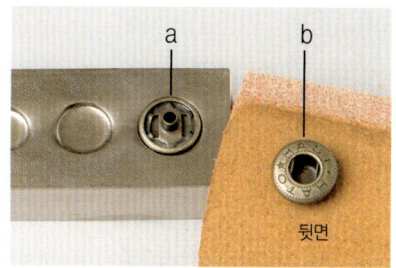

1 원형 펀치로 구멍을 뚫은 뒤, a의 지름에 맞는 홈에 a를 뒤집어 놓고 속덮개(위) 뒷면에 b를 끼웁니다.

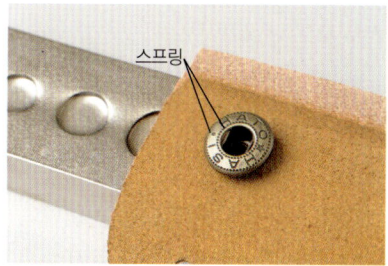

2 a에 b를 끼웁니다. 이때 스프링 방향에 주의합니다.

3 스프링이 찌그러지지 않게 겉단추 전용 누름쇠를 수직으로 끼웁니다. 단추가 손상되지 않게 주의하면서 망치로 두드립니다.

4 원형 펀치로 구멍을 뚫은 뒤, 속덮개(아래)에 d를 끼워 넣은 다음

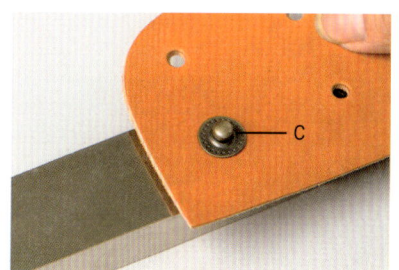

5 금속판을 뒤집어 평평한 면에 가죽 표면이 위로 오게 놓고 c를 덮습니다.

6 안단추 전용 누름쇠를 수직으로 세워서 끼우고 망치로 두드립니다.

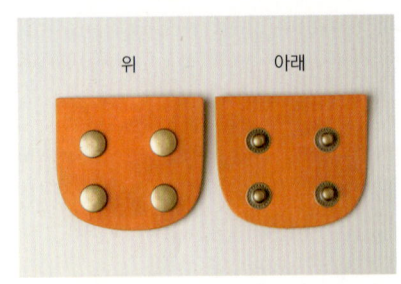

위　　　아래

7 속덮개(위), 속덮개(아래)가 완성되었습니다. 실제로 단추를 떼었다 붙여보면서 잘 맞물리는지 확인합니다.

스프링스냅 부착하는 방법

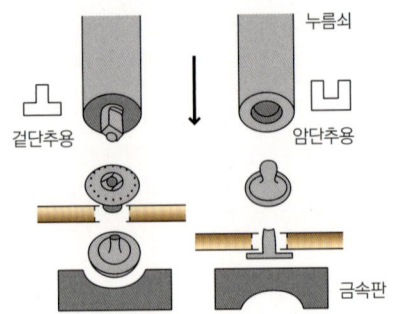

누름쇠

겉단추용　　　암단추용

금속판

방울집게
스냅 단추나 리벳을 잘못 부착했을 때 제거하는 도구입니다.

자석스냅(발 형)

동전지갑(60쪽), 숄더백(100쪽)에 사용한, 여 닫을 수 있는 편리한 금속장식입니다.

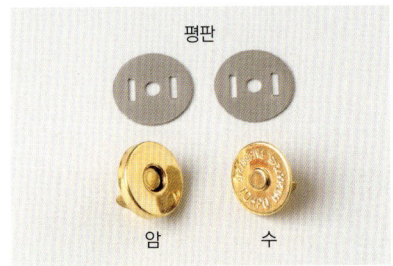

평판

암   수

1 자석스냅을 달 위치(중심)를 원형송곳으로 표시하고,

2 평판 중심 구멍을 자석스냅을 달 위치 (중심)와 맞추고 발을 끼울 자리를 표시합니다.

3 2에서 표시해놓은 발 위치에 커터칼로 칼집을 냅니다.

4 암단추를 끼워서 뒤집고 발에 평판을 끼웁니다. 평집게를 이용해 발을 밑동부터 바깥쪽으로 접습니다.

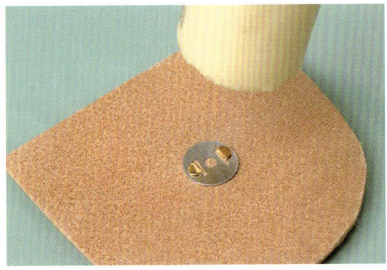

5 자석스냅에 흠집이 생기지 않게 망치로 가볍게 두드립니다. 수단추도 마찬가지로 끼웁니다.

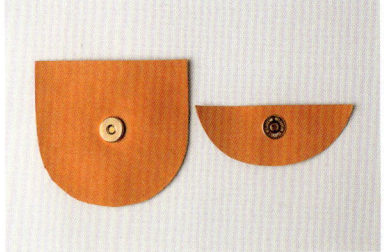

6 암단추와 수단추를 부착한 모습.

7 안감을 붙여 평판을 가립니다(동전지갑 앞판의 경우). 안단에 부착할 때처럼 단추 뒷면이 노출되지 않을 때는 붙이지 않아도 됩니다.

일자 칼펀치
커터칼로 칼집을 넣는 부분을 한 번에 자를 수 있는 편리한 도구입니다.

지퍼

지갑(94쪽)에 사용한 지퍼. 여러 작품에 응용할 수 있습니다. 가죽에 지퍼를 달 때는 미리 바느질 구멍을 뚫어둡니다.
지퍼를 붙일 때는 접착제를 사용합니다.

1 지퍼를 달 위치의 바느질 보조선에 다이아몬드 목타로 구멍을 뚫습니다. 이때 지퍼의 천을 자르지 않도록 가죽만 뚫습니다.

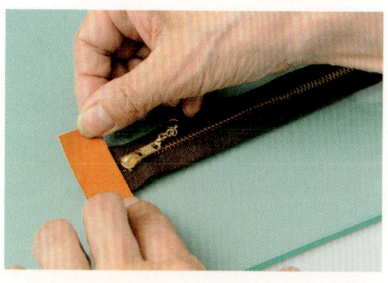

2 지퍼꽁지(지퍼 끝 부분이 닳아서 슬라이스가 빠지지 않게 막는 조각)는 표면과 뒷면을 살짝 거칠어질 정도로 사포질하고 지퍼 양 끝에 붙입니다.

3 재단판이나 책상 가장자리를 이용해 지퍼꽁지에 접착제를 바르고 지퍼 천에도 접착제를 바릅니다.

4 지퍼 천에 가죽을 붙여서 바느질 준비를 마친 상태. 지퍼꽁지에는 원형송곳으로 구멍을 뚫습니다.

5 새들스티치를 합니다.

6 지퍼 부분을 다 꿰맨 모습.

작품 만들기

지금부터 작품과 만드는 과정을 소개합니다.
연습작품인 동전지갑(62쪽~)과 토트백(80쪽~)을 참고하면서 만들어보세요.

✕✕✕✕✕✕

- 이 도서에 수록된 작품은 베지터블 소가죽을 사용했습니다.
- 재단 배치도는 가죽을 살 때 대략적인 기준으로 삼아주세요. 또한, 실제로 배치할 때에도 9쪽을 참조해 보다 좋은 배치방법을 판단하세요.
- 가죽은 필요한 면적보다 넉넉하게 준비합니다. 도안을 직접 들고 가죽 재료전문점을 방문해 상담하는 것도 좋은 방법입니다.
- 실 사용량은 가죽의 두께와 바느질할 길이에 따라 달라지므로 필요한 길이보다 다소 길게 준비합니다.
  실은 바느질할 길이보다 새들스티치는 약 3.5~4배, 크로스스티치는 약 6배, 더블스티치는 약 10배 길게 준비합니다.
- 크리저는 3mm 폭으로 조절해 바느질 보조선을 긋습니다.
- 도구에 관한 자세한 설명은 12~13쪽을 참조하세요.
- 만드는 과정의 치수는 cm 단위로 표기했습니다.
- 완성 크기(가방의 경우)는 세로(높이)×가로(너비)×옆면(폭) 순으로 표기했습니다.

도구 덮개

소중한 도구를 보호하고, 칼날이 달렸거나 끝이 날카로운 도구가
주변 사물을 흠집 내지 않도록 약간 두꺼운 가죽으로 만들었습니다.

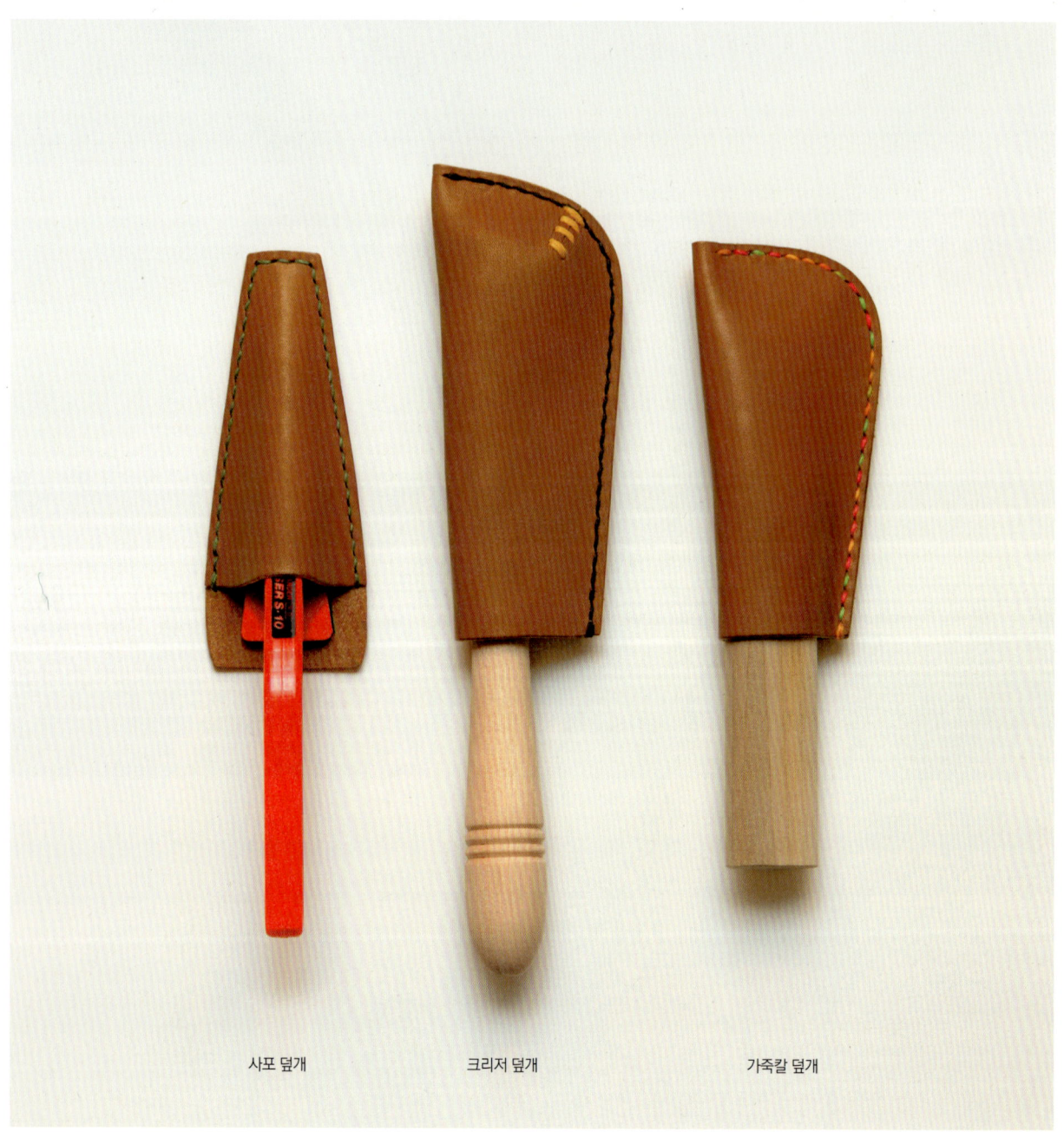

사포 덮개   크리저 덮개   가죽칼 덮개

HOW TO MAKE
P.46

마름송곳 덮개   원형송곳 덮개   다이아몬드 목타 덮개

도구 덮개

44~45쪽 수록 작품 · 실물 크기 도안 A면

준비물　베지터블 소가죽 – 두께 2mm 약 12DS
　　　　　기타 – 면봉, 이쑤시개
완성 크기　그림 참조

HOW TO MAKE

1 도안을 만들고, 가죽 뒷면을 정리한다(실물 크기 도안, 19쪽 참조)

2 가죽을 도안보다 여유 있게 가재단한 뒤, 도안선을 따라 재단한다(18쪽 참조)

3 크리저로 바느질 보조선을 긋고, 다이아몬드 목타로 구멍을 뚫는다 (22~24쪽 참조)

4 바느질 시작과 마지막은 더블스티치를 한다(33쪽 참조)

5 단면을 마감한다(20쪽 참조)

---

*제도

다이아몬드 목타(기성품) 덮개

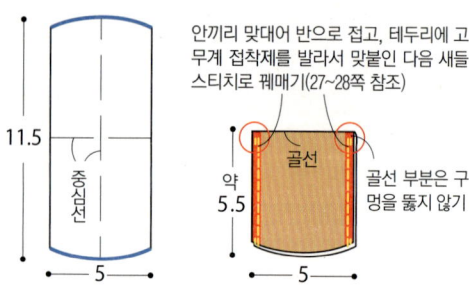

안끼리 맞대어 반으로 접고, 테두리에 고무계 접착제를 발라서 맞붙인 다음 새들스티치로 꿰매기(27~28쪽 참조)

골선

골선 부분은 구멍을 뚫지 않기

11.5

중심선

약 5.5

5

5

※좌우 바느질 구멍의 시작 위치와 개수가 똑같아야 한다.

마름송곳 덮개

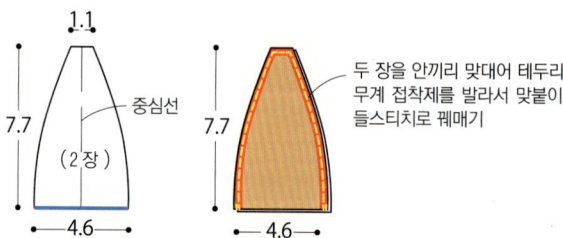

1.1

중심선

7.7

(2장)

4.6

7.7

4.6

두 장을 안끼리 맞대어 테두리에 고무계 접착제를 발라서 맞붙이고 새들스티치로 꿰매기

원형송곳 덮개

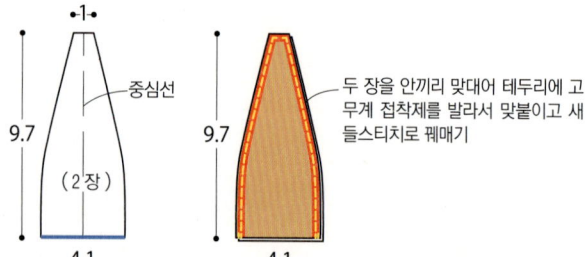

1

중심선

9.7

(2장)

4.1

9.7

4.1

두 장을 안끼리 맞대어 테두리에 고무계 접착제를 발라서 맞붙이고 새들스티치로 꿰매기

마감제로 가죽 뒷면을 정리해
——— 부분의 단면을 다듬고
——— 부분에 고무계 접착제를 바른다.

가죽칼(날 폭 3cm) 덮개

11.8

11.4

중심선

9.8

※좌우 바느질 구멍의 시작 위치와 개수
가 똑같아야 한다.

골선 부분은 구멍을 뚫지 않기

(표면)

약

안끼리 맞대어 반으로 접고, 테두리에
고무계 접착제를 발라서 맞붙인 다음 새
들스티치로 꿰매기

골선

11.4

4.3

사포 덮개

2.1

12

중심선(아래)

4.2

2.2

9.7

중심선(위)

7.2

위
(표면)

12

아래
(뒷면)

4.2

위와 아래를 안끼리
맞대어 테두리에 고무
계 접착제를 발라 맞
붙인 뒤 새들스티치로
꿰매기

크리저 덮개

13.8

다트

13.9

중심선

11.4

골선 부분은 구멍을 뚫
지 않기

골선

13.9

5.4

① 다트를 맞대어 바늘
한 개로 헤밍스티치하기
(34쪽 참조)

② 안끼리 맞대어 반으로 접
고, 테두리에 고무계 접착
제를 발라서 맞붙인 뒤 새
들스티치로 꿰매기

*재단 배치도

10cm

10
cm

마름송곳 덮개

원형송곳 덮개

가죽칼 덮개

다이아몬드
목타 덮개

(아래)   (위)

사포 덮개

크리저 덮개

약 12DS

마감제로 가죽 뒷면을 정리해, ━━ 부분의 단면을 다듬고
━━ 부분에 고무계 접착제를 바른다.

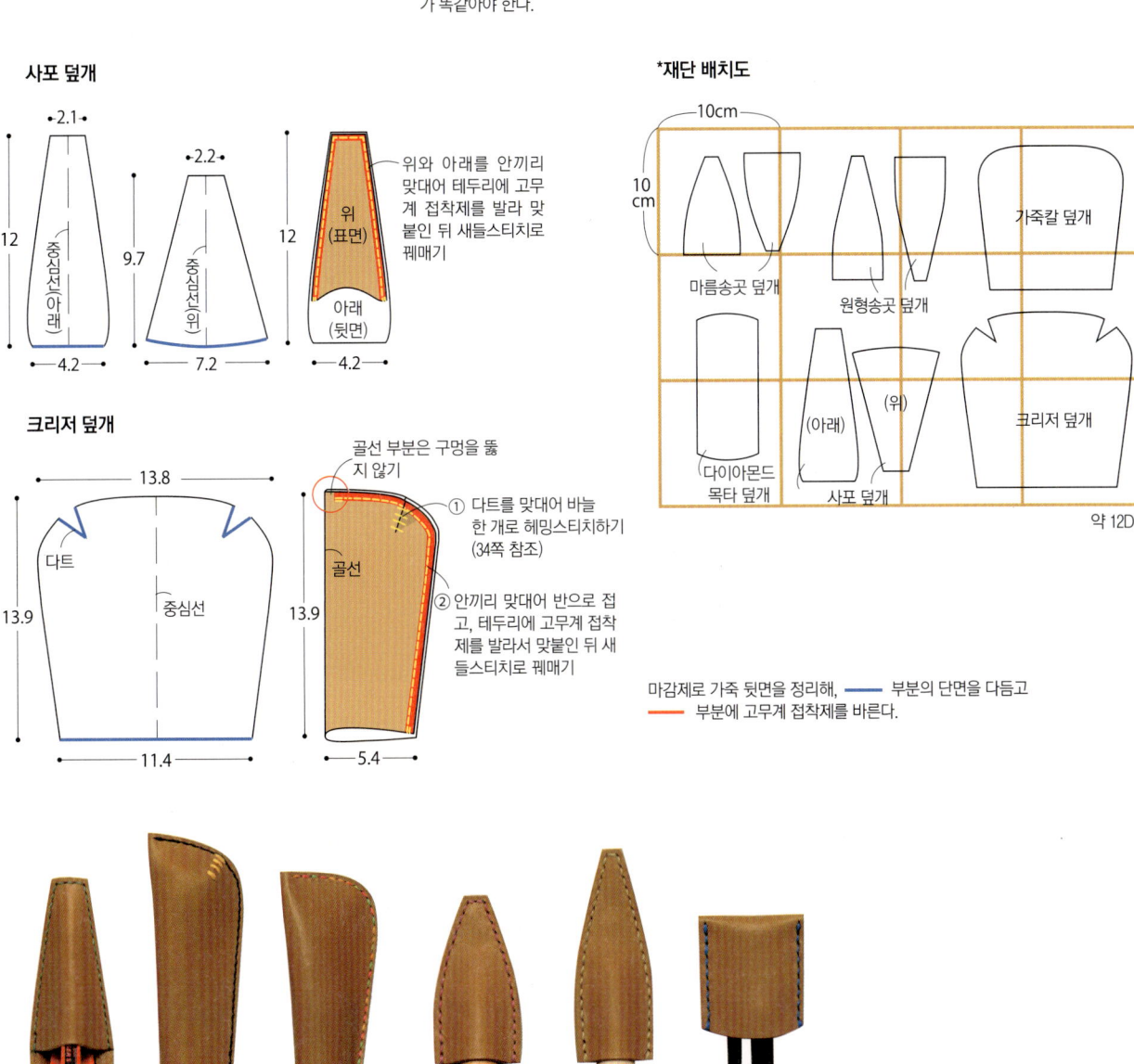

카드지갑

다양한 기본 기법으로 만드는 카드지갑은 연습용으로 제격입니다.
완성하는 기쁨과 직접 만든 작품을 일상생활에서 사용하는 즐거움을 맛보세요.
수공예의 온기가 전해집니다.

HOW TO MAKE
P.50

카드지갑

48쪽 수록 작품 · 실물 크기 도안 A면

준비물   베지터블 소가죽 – 두께 1.8mm 약 6DS
             기타 – 면봉, 이쑤시개

완성 크기   약 7.5cm×11cm

HOW TO MAKE

1 도안을 만들고 가죽 뒷면을 정리한다(실물 크기 도안, 19쪽 참조)

2 가죽을 도안보다 여유 있게 가재단한 뒤, 도안선을 따라 재단한다(18쪽 참조)

*제도

몸판

주머니

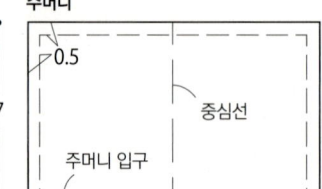

가운데 주머니

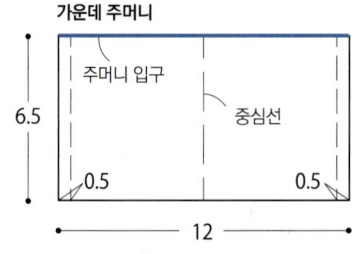

마감제로 가죽 뒷면을 정리하고
▬ 부분의 단면을 다듬는다.

*재단 배치도

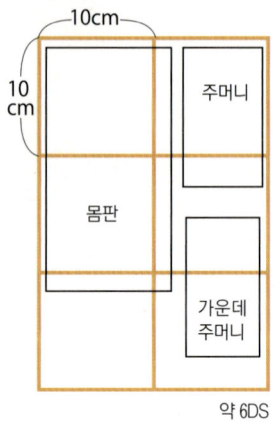

약 6DS

※주머니 입구는 취향에 따라 장식선(22쪽 참조)을 긋는다.

3 몸판에 주머니를 붙여서 연결한다(21쪽 참조)

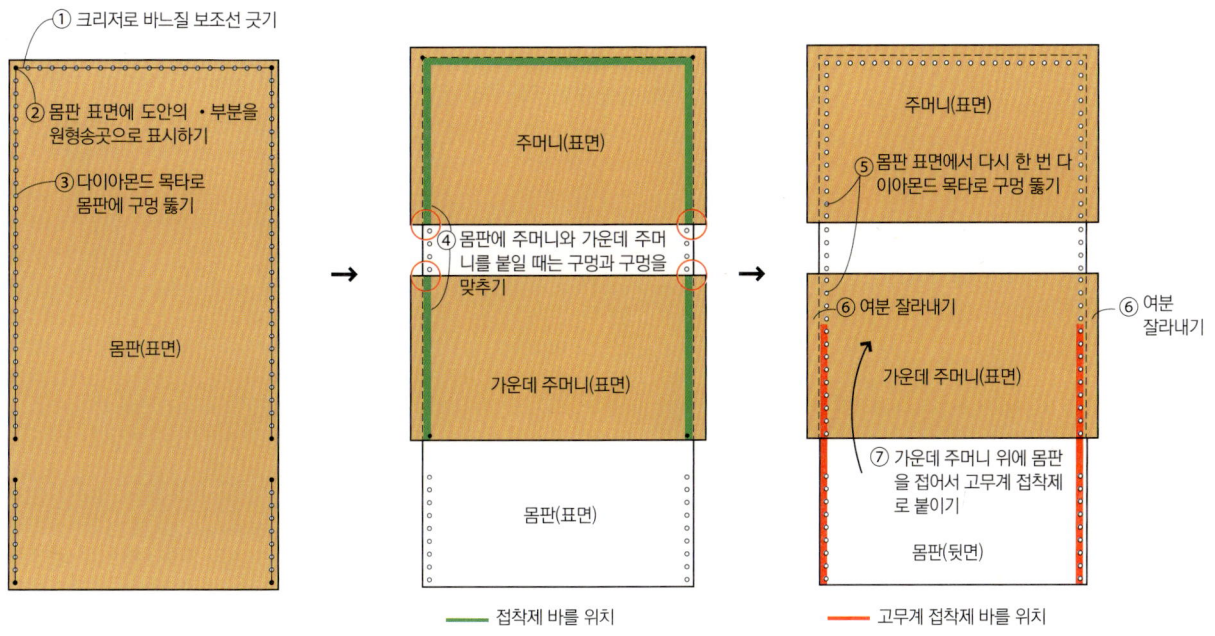

① 크리저로 바느질 보조선 긋기

② 몸판 표면에 도안의 ·부분을 원형송곳으로 표시하기

③ 다이아몬드 목타로 몸판에 구멍 뚫기

몸판(표면)

주머니(표면)

④ 몸판에 주머니와 가운데 주머니를 붙일 때는 구멍과 구멍을 맞추기

가운데 주머니(표면)

몸판(표면)

━━ 접착제 바를 위치

주머니(표면)

⑤ 몸판 표면에서 다시 한 번 다이아몬드 목타로 구멍 뚫기

⑥ 여분 잘라내기

⑥ 여분 잘라내기

가운데 주머니(표면)

⑦ 가운데 주머니 위에 몸판을 접어서 고무계 접착제로 붙이기

몸판(뒷면)

━━ 고무계 접착제 바를 위치

4 둘레를 바느질하고 마무리한다(20쪽 참조)

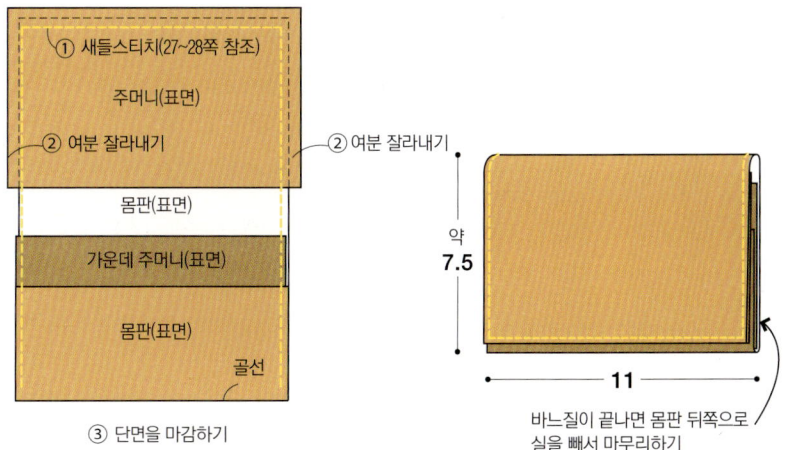

① 새들스티치(27~28쪽 참조)

주머니(표면)

② 여분 잘라내기

② 여분 잘라내기

몸판(표면)

가운데 주머니(표면)

몸판(표면)

골선

③ 단면을 마감하기

약 7.5

11

바느질이 끝나면 몸판 뒤쪽으로 실을 빼서 마무리하기

펜 케이스

조금 여유 있게 붙인 벨트가 여닫기 편하게 해주고, 부드러운 능선을 이루는 크로스스티치의 다트가
디자인뿐 아니라 펜을 넣고 빼기 쉽게 해 실용성까지 높였습니다.
소소한 아이디어와 정성이 편리함으로 이어집니다.

× × × × × ×

HOW TO MAKE
P.54

펜 케이스

52쪽 수록 작품 · 실물 크기 도안 A면

준비물 베지터블 소가죽 – 두께 1.8mm 약 5DS
기타 – 면봉, 이쑤시개

완성 크기 약 16cm×7cm

HOW TO MAKE

1 도안을 만들고, 가죽 뒷면을 정리한다(실물 크기 도안, 19쪽 참조)

2 도안보다 여유 있게 가재단하고, 도안선을 따라 재단을 하고 단면을 다듬는다(18쪽 참조)

3 몸판, 벨트, 덮개 안감 표면에 도안의 • 을 원형송곳으로 표시한다(41쪽 참조)

4 크리저로 몸판에 바느질 보조선을 긋고 앞판·뒤판에 각각 다이아몬드 목타를 이용해 같은 개수로 구멍을 뚫는다(22~24쪽 참조)

*제도

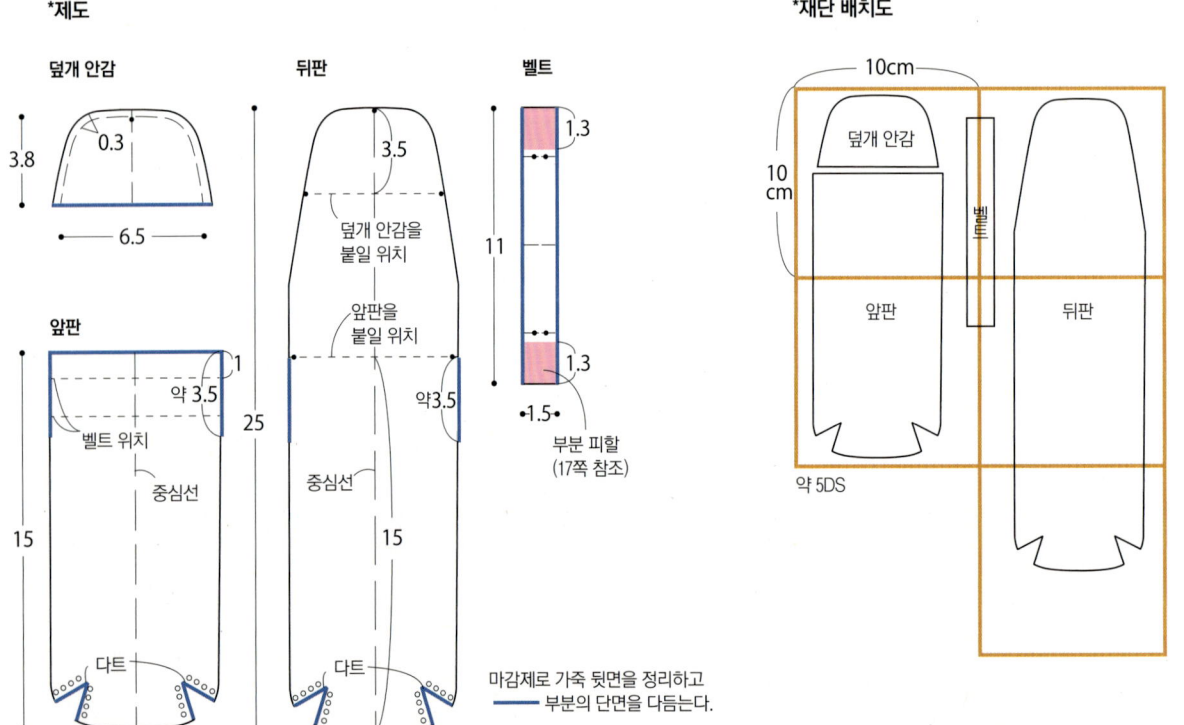

덮개 안감
3.8   0.3
6.5

뒤판
3.5
덮개 안감을
붙일 위치
앞판을
붙일 위치
25
중심선
15
다트
7

벨트
1.3
11
1.3
1.5
부분 피할
(17쪽 참조)

앞판
1
약 3.5
벨트 위치
약3.5
중심선
15
다트
7

마감제로 가죽 뒷면을 정리하고
── 부분의 단면을 다듬는다.

*재단 배치도

10cm
덮개 안감
10
cm
벨트
앞판
뒤판
약 5DS

※덮개 안감은 1mm 두께로 전체 피할하고(17쪽 참조), 벨트는 양 끝을 1mm 두께로 부분 피할한다.

5 앞판에 벨트를 붙인다

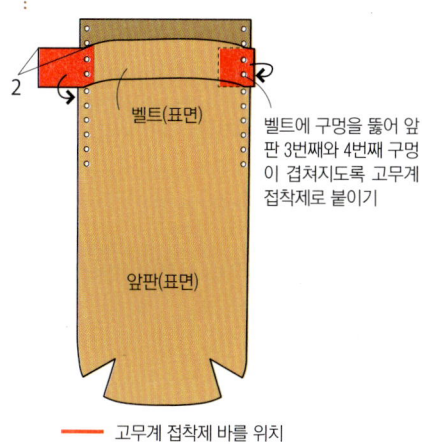

2

벨트(표면)

앞판(표면)

벨트에 구멍을 뚫어 앞판 3번째와 4번째 구멍이 겹쳐지도록 고무계 접착제로 붙이기

—— 고무계 접착제 바를 위치

1 고무계 접착제를 바른다.

2 붙을 때까지 클립으로 고정하고, 완전히 접착되면 2날 목타를 이용해 뒷면까지 관통시킨다.

6 뒤판에 덮개 안감을 붙인다

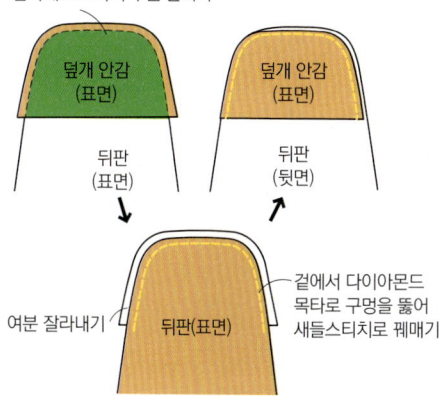

접착제로 초록색 부분 붙이기

덮개 안감 (표면)

덮개 안감 (표면)

뒤판 (표면)

뒤판 (뒷면)

여분 잘라내기

뒤판(표면)

겉에서 다이아몬드 목타로 구멍을 뚫어 새들스티치로 꿰매기

7 다트를 바느질한다

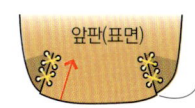

앞판(표면)

앞판과 뒤판을 연결할 때에 매듭이 걸리지 않도록, 다트를 맞대어 매듭이 위로 오게 크로스스스티치하기 (34쪽 참조) ※뒤판도 동일

8 앞판과 뒤판을 붙여서 바느질한다

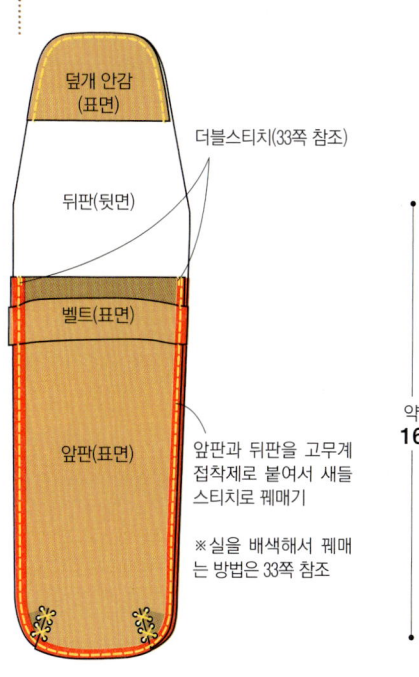

덮개 안감 (표면)

더블스티치(33쪽 참조)

뒤판(뒷면)

벨트(표면)

앞판(표면)

앞판과 뒤판을 고무계 접착제로 붙여서 새들 스티치로 꿰매기

※실을 배색해서 꿰매는 방법은 33쪽 참조

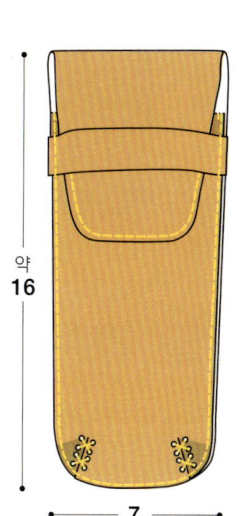

약 16

7

북 커버

표지를 끼워 넣는 안쪽의 주머니와 주머니 사이에 가죽을 덧대었습니다.
두께가 일정하고 튼튼하며 책을 펼쳤을 때도 깔끔합니다.

× × × × × ×

HOW TO MAKE
P.58

커버(대)   커버(소)   책갈피

북 커버

준비물	베지터블 소가죽 – 두께 1.8mm 커버(소) 약 10DS
	커버(대) 약 15DS
	기타 – 면봉, 이쑤시개
완성 크기	커버(소)-16.5cm×25cm
	커버(대)-18.5cm×25cm

HOW TO MAKE

1 도안을 만들고, 가죽 뒷면을 정리한다(실물 크기 도안, 19쪽 참조)

2 도안보다 여유 있게 가재단을 하고 도안선을 따라 재단을 한다(18쪽 참조)

3 몸판과 덧대는 가죽 뒷면에 원형송곳으로 중심선을 표시한다

*제도

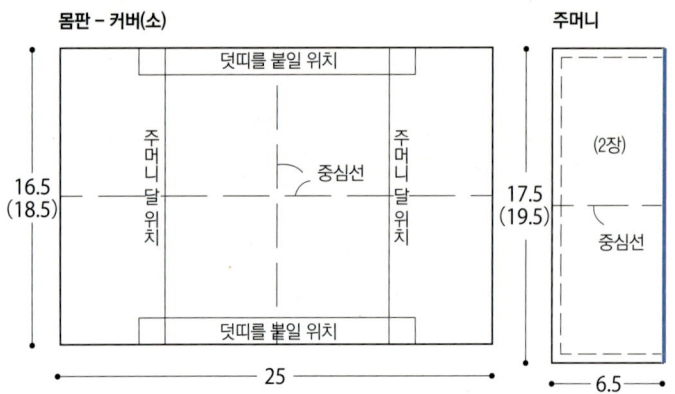

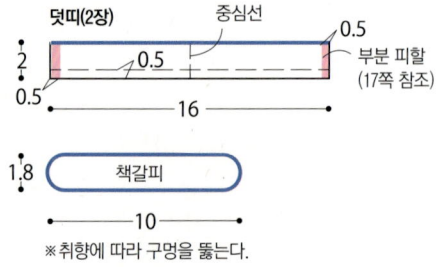

※( )은 커버(대)

마감제로 가죽 뒷면을 정리하고 ▬▬ 부분의 단면을 다듬는다.
주머니 · 덧띠 · 책갈피는 1.2mm 두께로 전체 피할하고(17쪽 참조),
덧띠의 양 끝은 0.8mm 두께로 부분 피할한다.

*재단 배치도

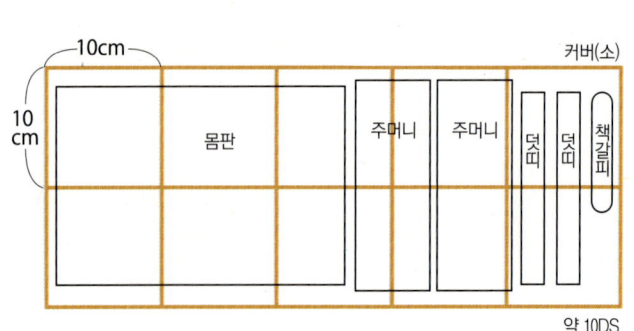

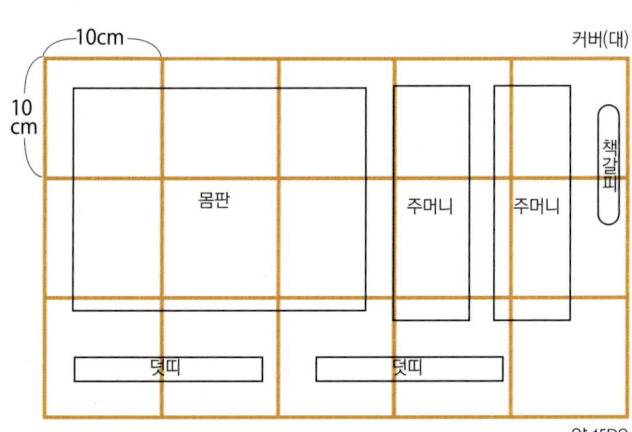

4 몸판에 덧띠를 붙인다

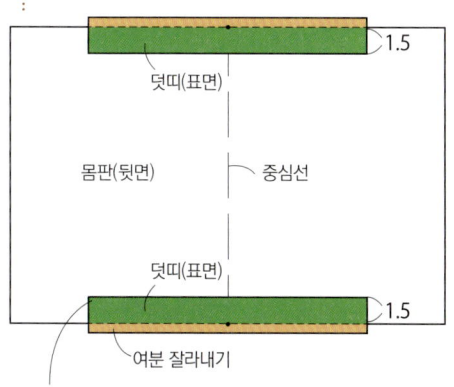

1.5

덧띠(표면)

몸판(뒷면)　　중심선

덧띠(표면)

1.5

여분 잘라내기

몸판 뒷면 위아래로 각각 1.5cm 내려온 위치에 원형송곳이나 연필로 선을 긋고, 접착제로 ▬▬ 를 발라 선을 가리듯 덧띠를 붙이기

5 몸판 표면에 크리저로 바느질 보조선을 긋고, 다이아몬드 목타로 구멍을 미리 뚫는다

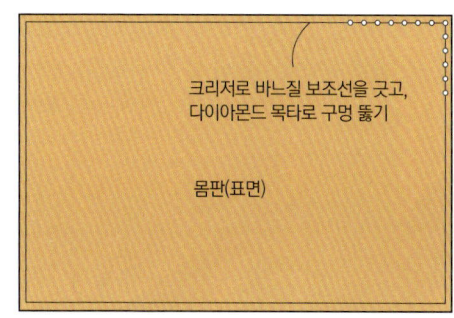

크리저로 바느질 보조선을 긋고, 다이아몬드 목타로 구멍 뚫기

몸판(표면)

6 몸판에 주머니를 붙여서 연결한다

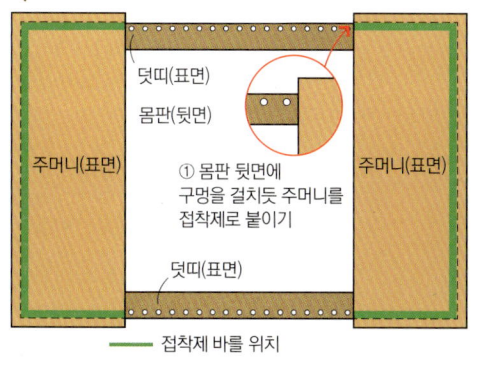

덧띠(표면)

몸판(뒷면)

주머니(표면)　　주머니(표면)

① 몸판 뒷면에 구멍을 걸치듯 주머니를 접착제로 붙이기

덧띠(표면)

▬▬ 접착제 바를 위치

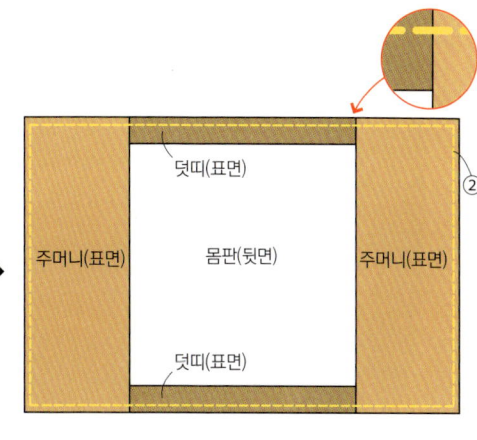

덧띠(표면)

주머니(표면)　몸판(뒷면)　주머니(표면)

덧띠(표면)

② 몸판 표면 쪽에서 다이아몬드 목타로 주머니까지 관통해서 다시 구멍을 뚫고 새들스티치로 꿰매기. 주머니 부분의 여분은 자르고 단면 다듬기

7 책갈피를 만든다

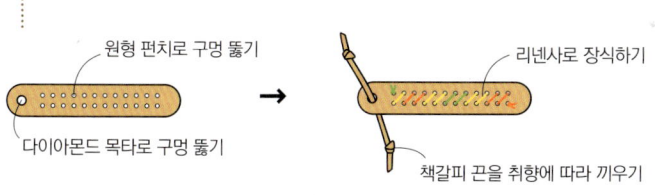

원형 펀치로 구멍 뚫기

리넨사로 장식하기

다이아몬드 목타로 구멍 뚫기

책갈피 끈을 취향에 따라 끼우기

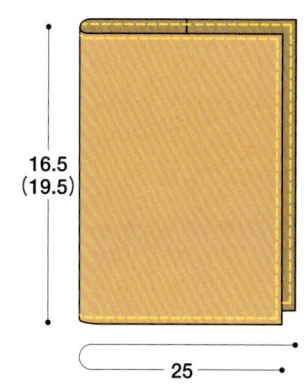

16.5
(19.5)

25

동전지갑

덮개가 달린 동전지갑. 크로스스티치를 이용해 입체적으로 마무리한 부분이 디자인 포인트입니다.
둥그스름한 모양은 한손에 쏙 들어오고 자석스냅이 달려 있어서 여닫기 편합니다.
*이 작품은 연습 작품 1번으로 만드는 과정을 상세하게 설명했습니다.

×××××××

HOW TO MAKE
P.62

동전지갑 만들기

60쪽 수록 작품 · 실물 크기 도안 A면

가죽 본연의 질감을 느끼면서 새들스티치, 크로스스티치, 접착제칠을 손에 익혀보세요.

준비물   베지터블 소가죽 – 두께 1.8mm 약 6DS
부자재 – 지름 1.2cm 자석스냅 한 쌍
기타 – 면봉, 이쑤시개, 볼펜, 문구용 칼
완성 크기   9cm×10.5cm

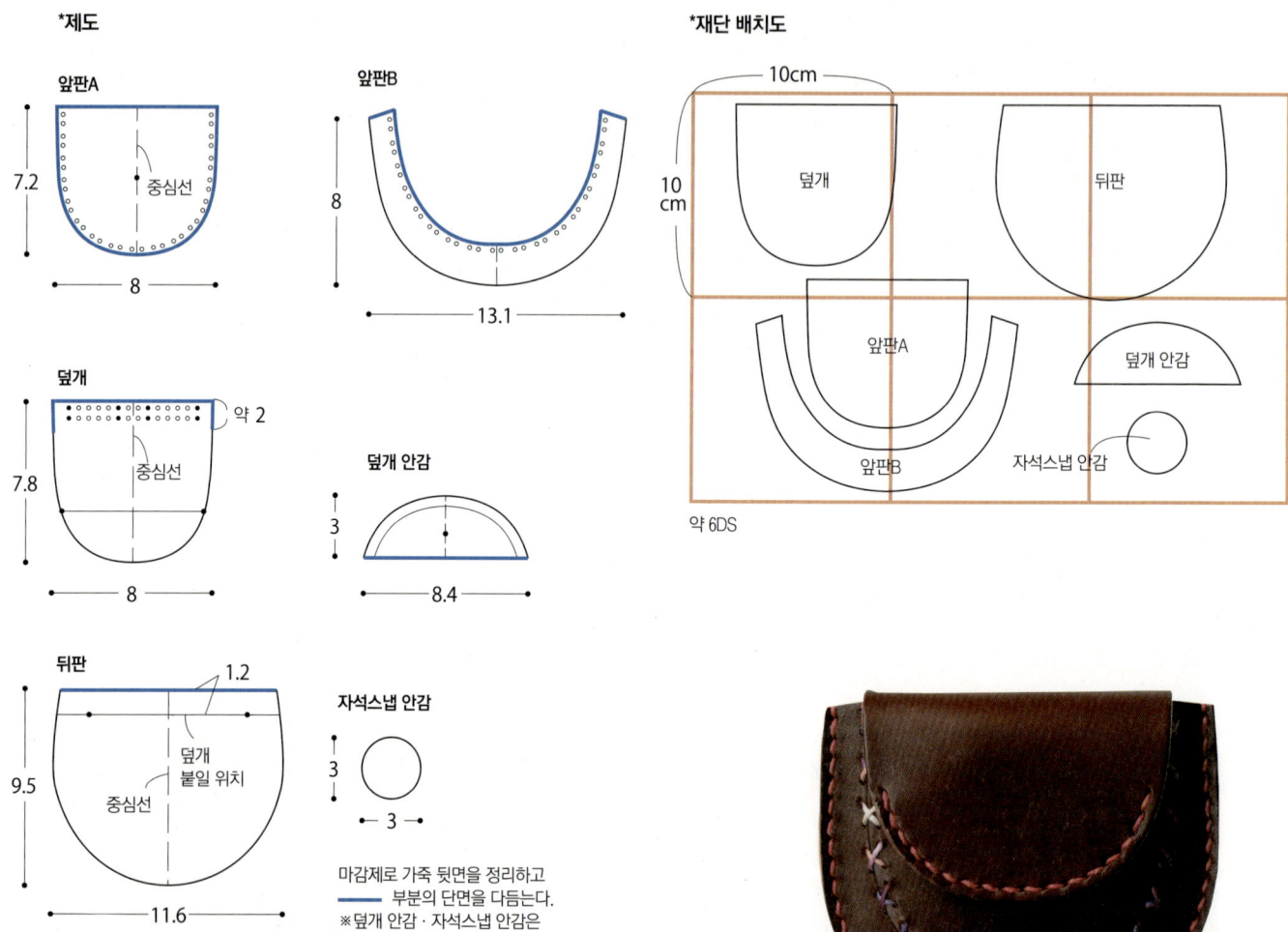

*제도

앞판A

7.2

중심선

8

앞판B

8

13.1

덮개

7.8

중심선

약 2

8

덮개 안감

3

8.4

뒤판

1.2

9.5

덮개
붙일 위치

중심선

11.6

자석스냅 안감

3

3

*재단 배치도

10cm

10cm

덮개

뒤판

앞판A

덮개 안감

앞판B

자석스냅 안감

약 6DS

마감제로 가죽 뒷면을 정리하고
━━ 부분의 단면을 다듬는다.
※덮개 안감·자석스냅 안감은
1mm 두께로 얇게 깎는다(17쪽 참조).

1 도안을 만든다(실물 크기 도안 참조)

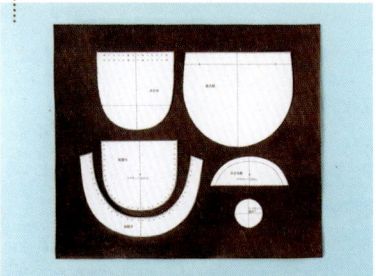

1 도안을 만들고 배치도를 참조해서 가죽 표면에 배치한다.

2 가재단을 한다(18쪽 참조)

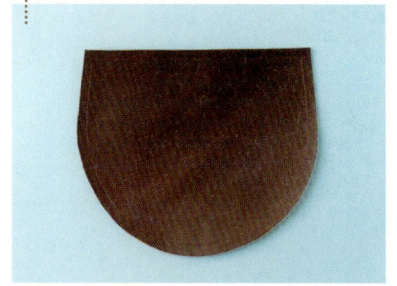

2 재단선 바깥쪽으로 5mm가량 여유 있게 가재단하고 가죽 뒷면을 정리한다(19쪽 참조).

3 재단을 한다

3 각 조각의 재단을 마친 모습. 도안을 겹쳐놓고 필요한 위치에 원형송곳으로 표시한다(41쪽 참조).

4 단면을 다듬는다(62쪽 제도, 20쪽 참조)

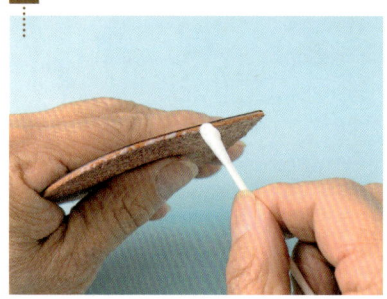

4 면봉으로 단면에 마감제를 바른다. 가죽 겉면에 묻지 않도록 주의한다.

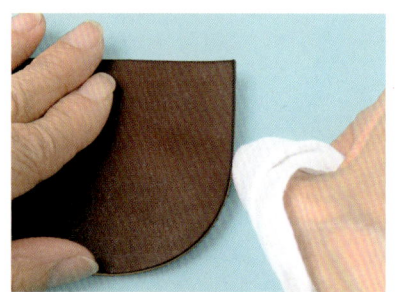

5 엄지에 천을 감아 손톱 등을 대고 단면을 따라 위아래로 문지른다. 조각의 위쪽이 아래쪽으로 오게 뒤집어서 반복한다.

5 자석스냅을 부착한다(41쪽 참조)

암　　수

평판

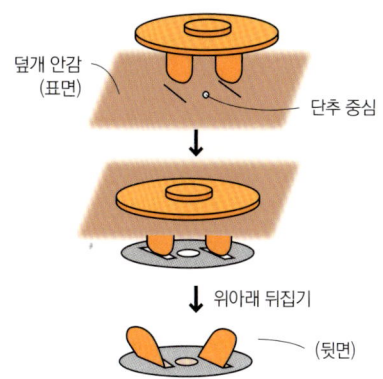

덮개 안감
(표면)

단추 중심

↓ 위아래 뒤집기

(뒷면)

6 앞판A에 암단추를 단다.

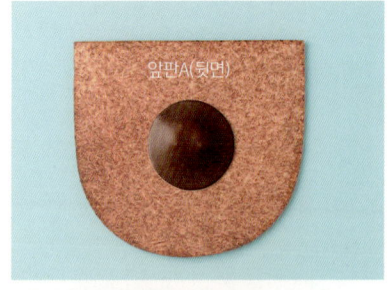

앞판A(뒷면)

7 자석스냅 안감에 접착제를 바르고 앞판 A 뒷면의 평판이 가려지도록 붙인다.

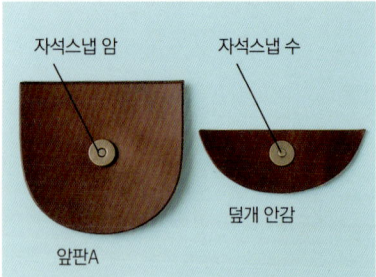

자석스냅 암   자석스냅 수

앞판A   덮개 안감

6 크리저로 바느질 보조선을 긋는다(22쪽 참조)

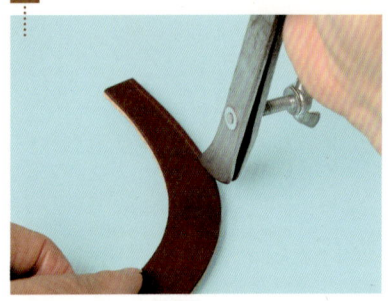

8 크리저 날의 폭을 확인한 다음 바느질 보조선을 긋는다. 다른 조각도 똑같이 작업한다.

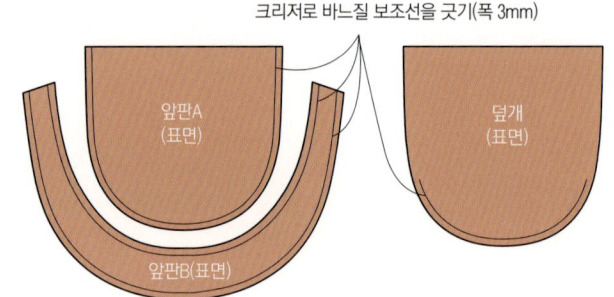

크리저로 바느질 보조선을 긋기(폭 3mm)

앞판A (표면)

앞판B(표면)

덮개 (표면)

7 덮개를 만든다

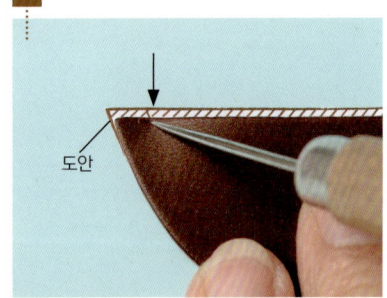

도안

9 도안 위에 안감을 놓고 표면 가장자리에 원형송곳으로 표시한다.

10 안감을 붙일 부분에 선을 긋고, 보풀이 일어날 정도로 가볍게 사포질한 뒤 접착제를 바른다.

덮개(뒷면)

덮개 안감

11 덮개 뒷면에 안감을 붙인 모습. 여분은 바느질을 한 다음 잘라낸다.

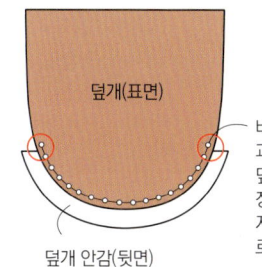

덮개(표면)

바느질 시작땀과 마지막땀이 덮개 안감의 가장자리에 걸쳐지도록 2날 목타로 구멍 뚫기

덮개 안감(뒷면)

12 바느질 시작과 끝의 바늘땀은 안감의 가장자리와 목타 중심을 맞춰 2날 목타로 구멍을 뚫는다.

13 크리저로 그은 보조선을 따라 2날 목타로 구멍을 뚫는다.

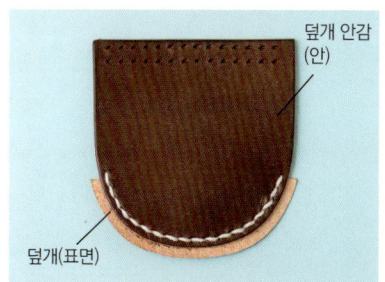

덮개 안감(안)

덮개(표면)

14 덮개에 바느질 구멍을 뚫은 모습.

15 크로스스티치 바늘 구멍은 도안을 대고 원형송곳으로 표시한 다음 7날 목타로 구멍을 뚫는다.

16 덮개(자석스냅 쪽)에 새들스티치를 한다(27~28쪽 참조).

8 뒤판에 덮개를 붙인다(21쪽 참조)

약 1cm

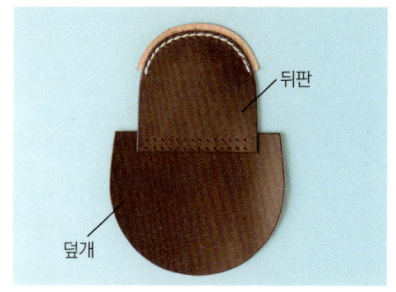

뒤판

덮개

17 크로스스티치가 들어갈 자리의 뒷면을 칼날 또는 사포로 가볍게 문지른다.

18 접착제를 발라 뒤판에 붙인다.

9 덮개와 뒤판을 크로스스티치로 연결한다(34쪽 참조)

19 15에서 뚫은 구멍에 다이아몬드 목타의 날을 맞춰서 다시 한 번 구멍을 뚫는다.

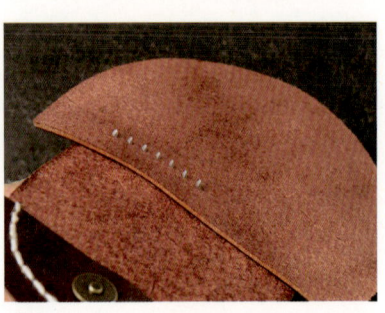

20 덮개와 뒤판에 날이 관통한 모습(뒷면).

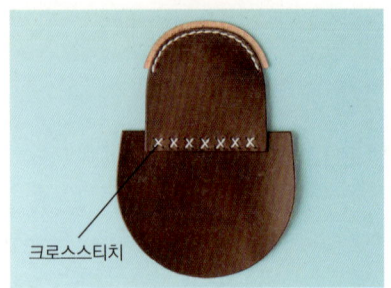

21 바늘과 실을 준비해 크로스스티치를 한다.

크로스스티치

22 덮개 안감의 자투리 부분은 잘라낸다.

10 앞판A와 앞판B를 맞대어 꿰맨다

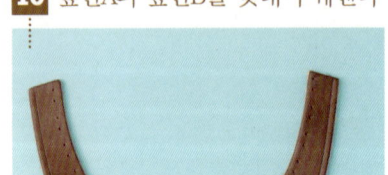

23 앞판B에 도안을 놓고 원형송곳으로 바느질할 구멍을 표시한다.

24 곡선 부분은 2날 목타로 표시를 따라 구멍을 뚫는다.

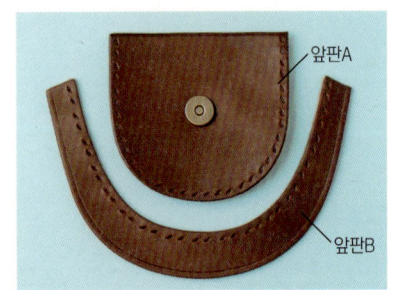

25 맞대어 꿰맬 앞판A와 앞판B에 구멍을 뚫은 모습.

앞판A

앞판B

크로스스티치(바늘 2개)

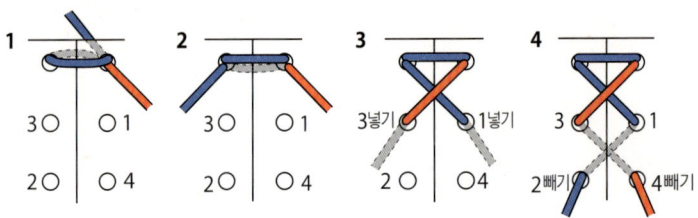

3~4를 반복한다

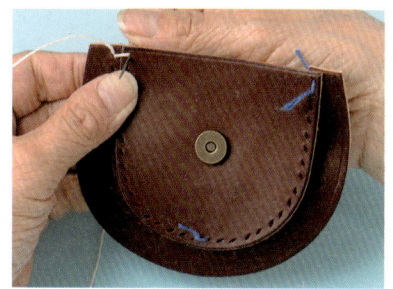

26 앞판B에 앞판A를 얹고 두 곳 정도 시침질을 해서 임시로 고정시킨다. 바늘과 실을 준비한다(25~26쪽 참조).

27 바느질 시작땀은 가로로 실 1가닥을 걸치고 나서 크로스스티치를 시작한다(실이 엇갈리는 순서를 통일하면 바늘땀 모양이 깔끔해진다).

28 마지막 땀도 시작땀과 마찬가지로 가로로 실 1가닥을 걸친다.

29 바늘 두 개는 뒷면으로 빼서 접착제를 소량 발라 단단하게 묶는다(31쪽 참조). 한 번 더 매듭지은 뒤 실을 짧게 자른다.

30 우드 슬리커 손잡이로 매듭을 평평하게 누른다.

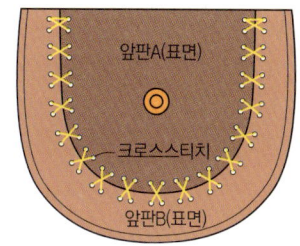

11 앞판과 뒤판을 맞붙인다

31 직선은 7날 목타로 구멍을 뚫는다.

32 곡선은 2날 목타로 구멍을 뚫는다.

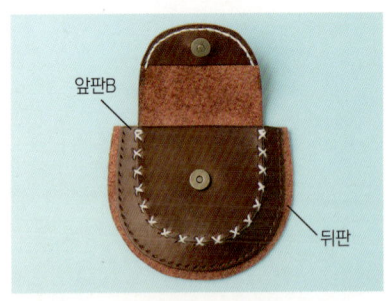

33 앞판B의 뒷면에 접착제를 바르고, 뒤판을 맞붙여 다시 한 번 2날 목타로 구멍을 뚫는다. 뒤판이 더 커서 앞판을 쉽게 붙일 수 있다.

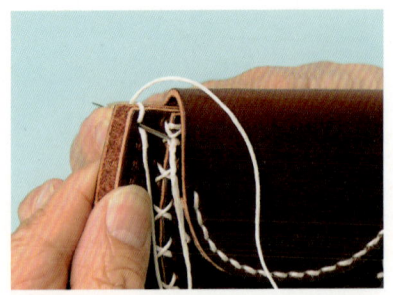

34 실을 준비해서 새들스티치를 시작한다. 시작땀은 동전지갑 입구에 걸치듯 두 번 감아 꿰맨다.

12 앞판과 뒤판을 새들스티치로 연결한다

35 왼 바늘을 왼쪽에서 오른쪽으로 넣고 오른 바늘을 사진처럼 왼 바늘 아래에 겹쳐 엄지로 십자 모양이 되게 잡는다.

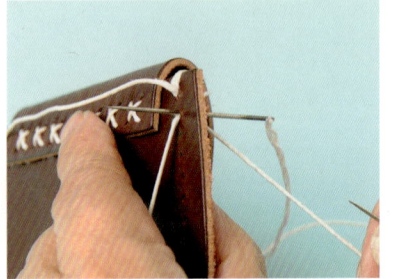

36 겹친 왼 바늘을 오른쪽으로 잡아당겨 빼내고, 오른 바늘을 같은 구멍에 통과시킨다. 이때 구멍 안에서 실을 관통하지 않도록 주의한다.

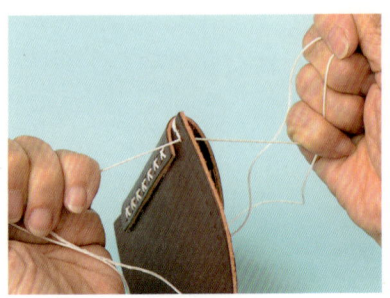

37 바늘을 쥔 채로 실을 양쪽으로 잡아당긴다.

38 이어서 세 땀이 남을 때까지 새들스티치로 꿰맨다.

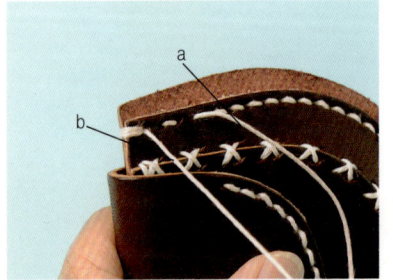

39 오른 바늘a는 사용하지 않고 왼 바늘b로 러닝스티치(홈질)를 한다. 시작땀과 마찬가지로 지갑 입구에서 두 번 감친 뒤 러닝스티치로 되돌아온다(29~30쪽 참조).

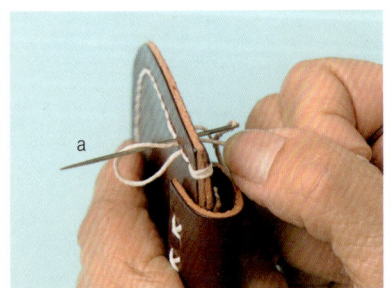

40 사용하지 않았던 오른 바늘a를 b와 같은 구멍에 넣고, 왼쪽 실 고리를 오른 바늘 끝에 1번 감는다. 실에 접착제를 소량 바르고 실을 잡아당긴다.

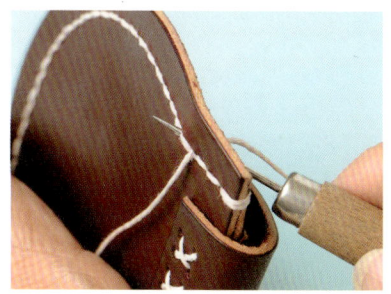 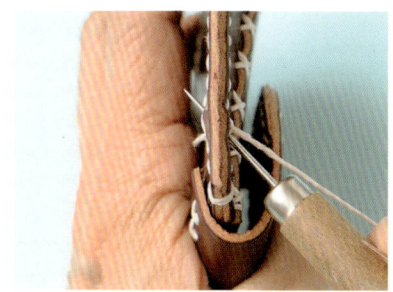 

41 한 땀 앞 구멍에 원형송곳을 비스듬하게 넣어 구멍을 약간 넓힌 뒤, 원형송곳을 빼서 오른 바늘을 뒤판 쪽으로 빼낸다(30쪽 참조).

42 실을 짧게 자르고 끝에 접착제를 바른 다음 우드 슬리커 손잡이로 평평하게 누른다.

13 단면을 마감한다(20쪽 참조)

43 뒤판의 여분은 잘라낸다.

44 단면을 사포로 문지른 뒤 마감제를 발라 매끄럽게 마감한다.

완성

수납 상자

두 가지 크로스스티치로 테두리를 꿰맨 심플한 상자.
부드러운 곡선이 가죽의 개성을 돋보이게 합니다. 여러 가지 크기로 만들어서
러시아 인형처럼 겹겹이 포개보세요. 색다른 즐거움이 있습니다.

× × × × × ×

HOW TO MAKE
P.72

수납 상자

준비물 베지터블 소가죽 – 두께 2.2cm 대 약 12DS, 중 약 10DS, 소 약 6DS

완성 크기 대 약 10cm×약 9cm×약 9.5cm
중 약 8cm×약 7.5cm×약 7.5cm
소 약 6cm×약 5.5cm×약 5.5cm

HOW TO MAKE

1 도안을 만들고, 가죽 뒷면을 정리한다 (실물 크기 도안, 19쪽 참조)

2 도안보다 여유 있게 가재단을 하고 도안선을 따라 재단한다 (18쪽 참조)

3 재단한 조각의 단면(——)을 다듬는다 (20쪽 참조)

4 상자 본체를 만든다

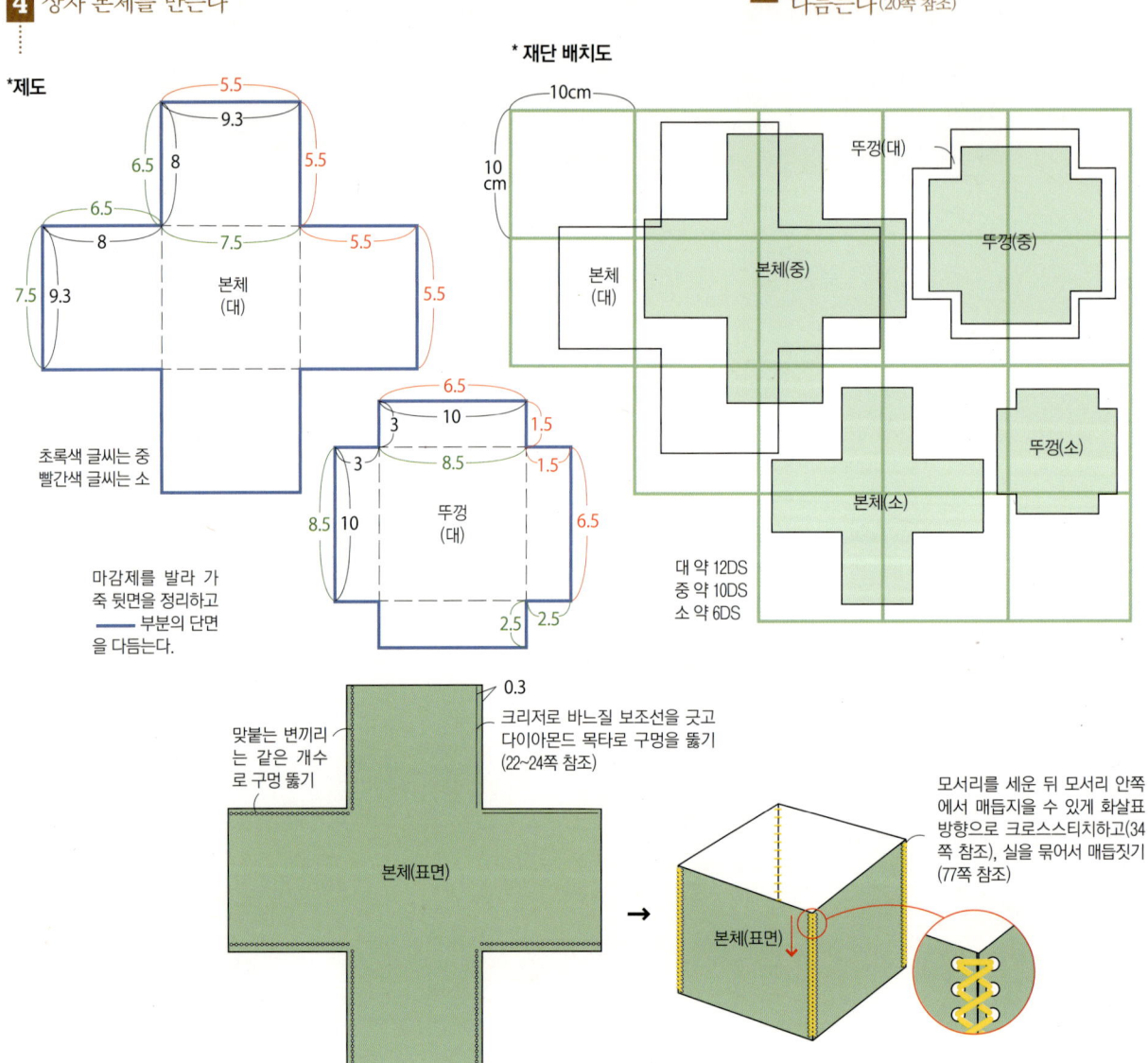

*제도

* 재단 배치도

초록색 글씨는 중
빨간색 글씨는 소

마감제를 발라 가죽 뒷면을 정리하고 —— 부분의 단면을 다듬는다.

대 약 12DS
중 약 10DS
소 약 6DS

맞붙는 변끼리는 같은 개수로 구멍 뚫기

0.3
크리저로 바느질 보조선을 긋고 다이아몬드 목타로 구멍을 뚫기 (22~24쪽 참조)

본체(표면)

모서리를 세운 뒤 모서리 안쪽에서 매듭지을 수 있게 화살표 방향으로 크로스스티치하고 (34쪽 참조), 실을 묶어서 매듭짓기 (77쪽 참조)

본체(표면)

5 뚜껑을 만든다

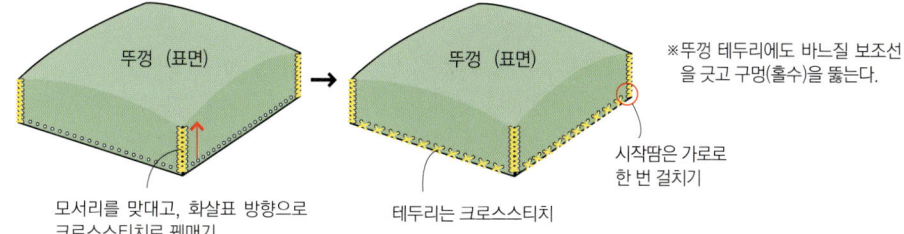

뚜껑 (표면) → 뚜껑 (표면)

※뚜껑 테두리에도 바느질 보조선을 긋고 구멍(홀수)을 뚫는다.

모서리를 맞대고, 화살표 방향으로 크로스스티치로 꿰매기

테두리는 크로스스티치

시작땀은 가로로 한 번 걸치기

뚜껑 바느질하는 법

뚜껑 모서리는 가장자리부터 꿰맵니다. 시작땀은 가로로 한 번 실을 걸친 뒤, 크로스스티치를 합니다(34쪽 참조). 뚜껑 테두리는 바늘에 꿴 실의 길이를 똑같이 맞춘 다음 바느질을 시작합니다.

1 뚜껑 모서리는 겉에서 두 번 묶고(77쪽 참조) 접착제를 발라 마무리한다.

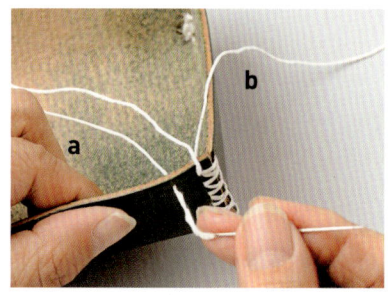

2 b는 사용하지 않고 a로 한 땀 걸러 감침질한다.

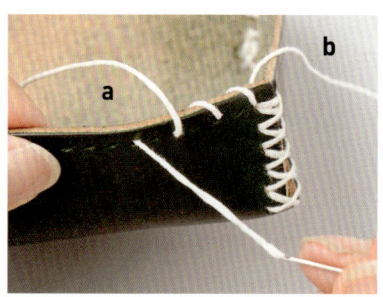

3 가장자리에 바늘을 넣는 방향은 일정하게 a, b를 번갈아 진행한다.

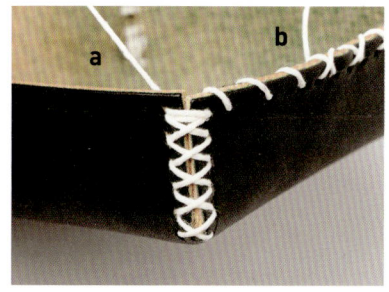

4 모서리까지 바느질이 끝나면 a는 표면으로 바늘을 빼내 가로로 한 번 걸쳐서 바늘을 뒷면으로 빼낸다. b는 뒷면 쪽으로 실을 넘긴다.

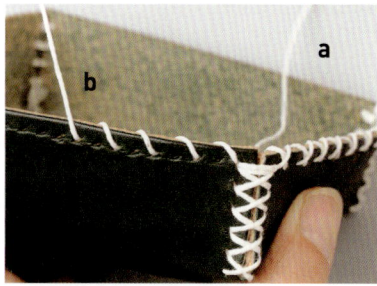

5 b로 한 땀 걸러 여러 번 감침질한다. 3과 4를 반복한다. 모서리에서 a와 b를 교대한다.

6 모서리에서는 항상 실을 가로로 걸친 뒤 바느질을 이어간다. 바느질이 끝난 모습.

7 1과 똑같은 방법으로 마지막 땀을 마무리한다. 모서리는 가로로 두 번 걸친다.

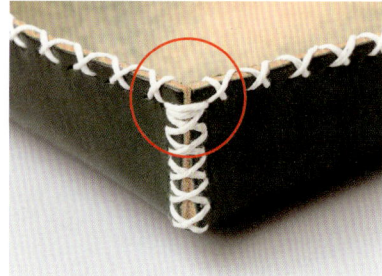

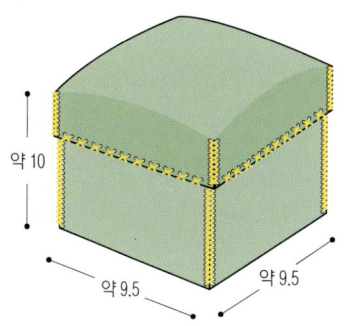

약 10

약 9.5   약 9.5

미니 숄더백

헤밍스티치, 크로스스티치가 포인트인 미니 숄더백입니다.
크기는 작지만 수납력이 좋아서 지갑도 동전지갑도 거뜬히 들어갑니다.
어깨끈은 취향에 따라 길이를 조절하세요.

× × × × × ×
HOW TO MAKE
P.76

미니 숄더백

74쪽 작품 · 실물 크기 도안 B면

준비물	베지터블 소가죽 – 두께 2.2mm 약 16DS 기타 – 면봉, 이쑤시개
완성 크기	12.25cm×18.6cm×4cm

HOW TO MAKE

1 도안을 만들고, 가죽 뒷면을 정리한다(실물 크기 도안, 19쪽 참조)

2 도안보다 여유 있게 가재단을 하고, 도안선을 따라 재단을 한다(18쪽 참조)

3 재단한 조각의 단면(——)을 다듬는다(20쪽 참조)

4 가죽 표면에 원형송곳으로 도안의 • 부분을 표시한다(41쪽 참조)

*제도

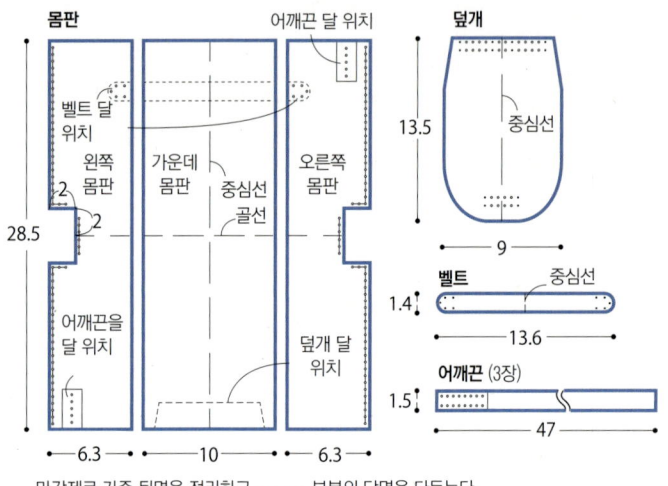

마감제로 가죽 뒷면을 정리하고 —— 부분의 단면을 다듬는다.

* 재단 배치도

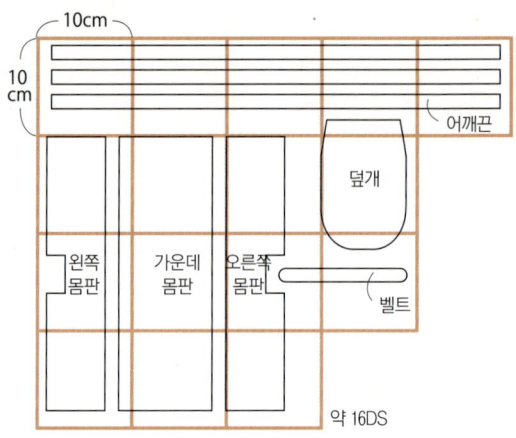

5 몸판을 만든다

① 크리저로 바느질 보조선을 긋고 다이아몬드 목타로 구멍을 뚫어 바늘 두 개로 헤밍스티치 해(35쪽 참조) 맞붙이기

③ 벨트 양쪽을 접착제로 붙이고 새들스티치하기 (27~28쪽 참조)

② 어깨끈 달 위치에 구멍 뚫기

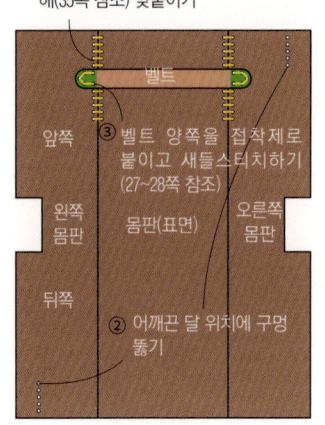

6 덮개를 만들어 몸판에 연결한다

장식용 구멍을 뚫어 크로스스티치로 꿰매기 (35쪽 참조)

몸판에 덮개를 접착제로 붙이고 구멍을 뚫어 크로스스티치하기

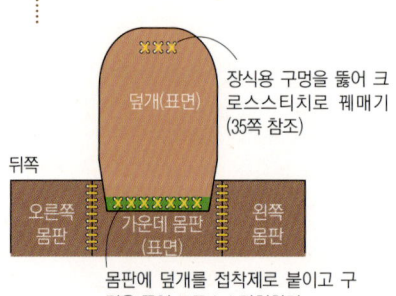

7 측면과 바닥을 꿰맨다

① 옆선은 크로스스티치로 꿰매기

② 바닥은 헤밍스티치하기

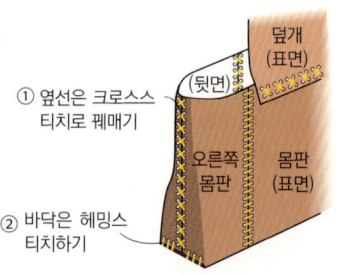

—— 접착제 바를 위치

바닥 바느질하는 법

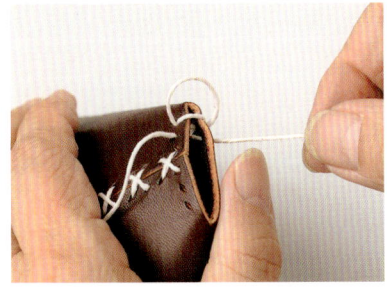

1 바닥은 바늘 2개로 헤밍스티치한다.

2 바느질이 끝나면 겉에서 두 번 묶어서

3 바늘(두 개 모두)을 틈새로 넣어 뒷면으로 뺀다.

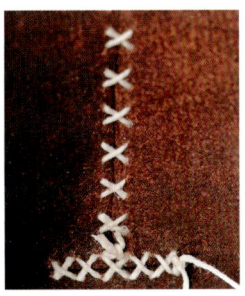

4 2에서 묶은 매듭을 뒷면 쪽으로 잡아당겨서 빼고,

5 접착제를 발라 마무리한다.

8 어깨끈을 만들어 몸판에 단다

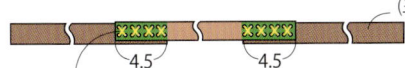

(표면)

4.5   4.5

길이를 조절해 원하는 만큼 자르고 4.5cm씩 겹쳐 붙여서 크로스스티치로 잇는다. 양 끝에 접착제를 발라 어깨끈 위치에 붙이고 원형송곳으로 뚫으면서 꿰매어 고정한다.

어깨끈(표면)

꿰매어
고정하기

12.25

18.6

4

토트백

가죽 한 장을 통째로 사용해 만든 심플한 토트백입니다. 바닥을 연결하는 작업처럼
다소 꿰매기 어려운 부분도 있지만, 두고두고 사용할 수 있도록 모서리가 나오지 않게 디자인했습니다.
세월에 따라 가죽이 변해가는 모습을 음미할 수 있는 가방입니다.

*이 작품은 연습 작품 2번으로 만드는 과정을 상세하게 설명했습니다.

× × × × × ×

HOW TO MAKE
P.80

토트백 만들기

78쪽 수록 작품 · 실물 크기 도안 A면

가방을 처음 만드는 초보자도 쉽게 도전할 수 있는 기본 토트백입니다.

준비물 베지터블 소가죽 – 두께 2.2mm 약 59DS
부자재 – D링(21mm), 스프링스냅 5호(13mm) 4세트
도구 – 원형 펀치 10호(3mm), 18호(5.4mm),
　　　　 스프링스냅 공구 세트(13mm 전용), 다용도 쇠판
기타 – 볼펜(또는 2B 연필), 코르크판(또는 스티로폼),
　　　　 자, 클립, 면봉, 이쑤시개

완성 크기　25.5cm×33cm×5cm

HOW TO MAKE

1　도안을 만들고 가재단을 해서 가죽 뒷면을
정리한다(실물 크기 도안, 18~19쪽 참조)

2　재단을 한다(18쪽 참조)

3　재단한 조각의 단면(———)을
다듬는다(20쪽 참조)

*제도

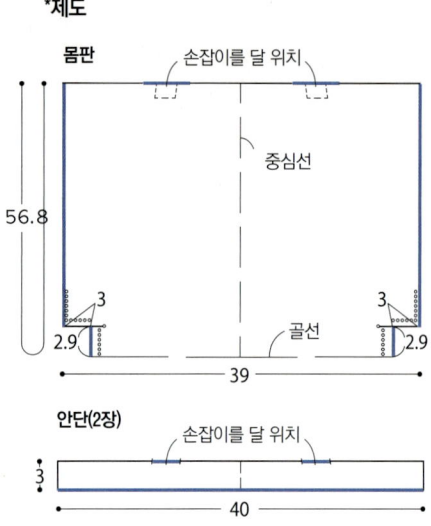

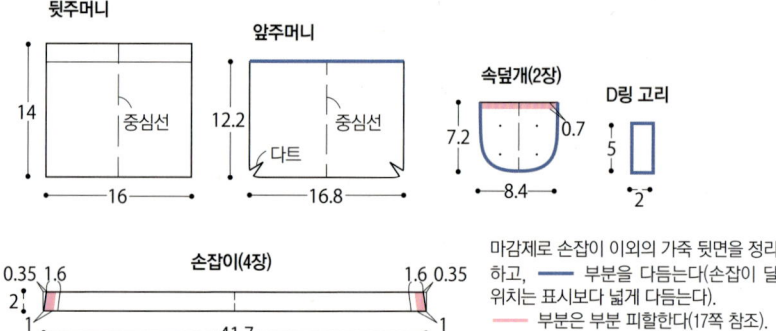

마감제로 손잡이 이외의 가죽 뒷면을 정리
하고, ——— 부분을 다듬는다(손잡이 달
위치는 표시보다 넓게 다듬는다).
——— 부분은 부분 피할한다(17쪽 참조).

※안단 · 앞뒤 주머니는 두께 1.3mm로, D링 가죽은 두께 1.5mm로 전체 피할하고(17쪽 참조),
　손잡이 · 속덮개는 두께 1.5mm로 부분 피할한다.

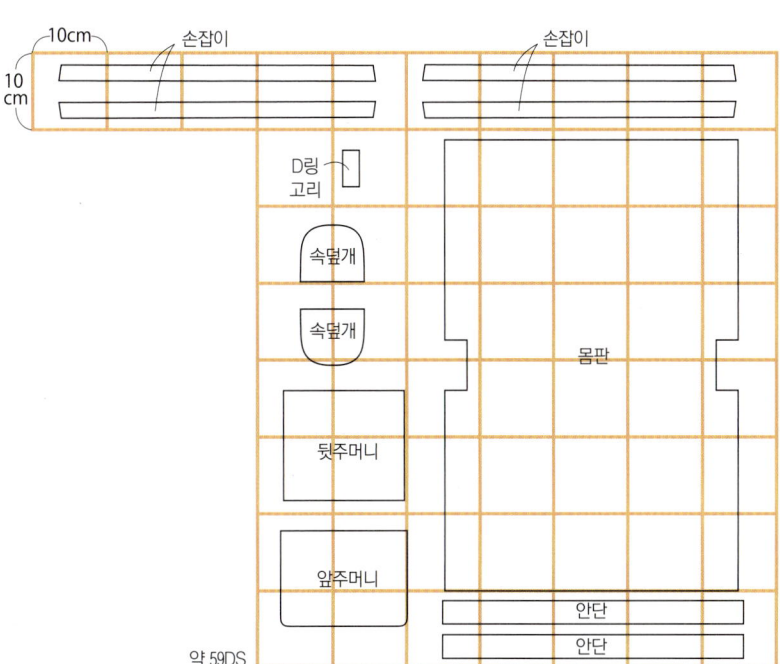

10cm　손잡이　　　　손잡이

10cm

D링
고리

속덮개

속덮개

몸판

뒷주머니

앞주머니

안단

안단

약 59DS

재단한 모습.

4 몸판에 원형송곳으로 표시한다

1 몸판 표면에 도안을 겹쳐놓고 원형송곳으로 바닥 부분의 바느질 구멍을 표시한다.

2 몸판 표면에 도안을 겹쳐놓고 원형송곳으로 손잡이 달 위치를 표시한다.

손잡이 달 위치

3 송곳자국이 잘 보이지 않을 때는(안단을 붙이면 가려지므로) 볼펜 또는 2B연필 등으로 표시한다.

손잡이 달 위치

4 가죽에 도안을 본뜬 모습.

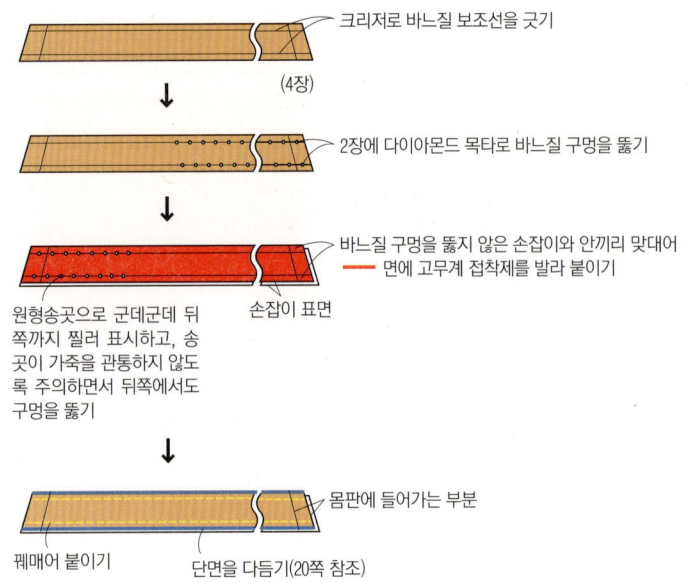

크리저로 바느질 보조선을 긋기

(4장)

2장에 다이아몬드 목타로 바느질 구멍을 뚫기

바느질 구멍을 뚫지 않은 손잡이와 안끼리 맞대어
— 면에 고무계 접착제를 발라 붙이기

손잡이 표면

원형송곳으로 군데군데 뒤
쪽까지 찔러 표시하고, 송
곳이 가죽을 관통하지 않도
록 주의하면서 뒤쪽에서도
구멍을 뚫기

몸판에 들어가는 부분

꿰매어 붙이기   단면을 다듬기(20쪽 참조)

손잡이 1개 분량

5 손잡이에 크리저로 바느질 보조선(폭
3mm)을 그은 뒤, 4장 가운데 2장에 다
이아몬드 목타로 구멍을 뚫는다.

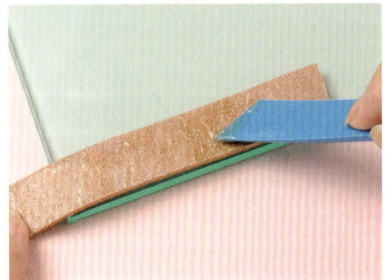

6 양 손잡이 뒷면에 고무판이나 책상 가
장자리를 이용해 구석구석 고무계 접착
제를 바른다.

7 고무계 접착제가 반쯤 마르면 2장을 안
끼리 맞대어 붙인다.

8 각 구멍마다 원형송곳으로 찔러서 아래
쪽까지 바느질 구멍을 표시한 뒤 뒤집
는다.

9 다이아몬드 목타로 위의 한 장만 구멍
을 뚫는다. 관통하지 않도록 힘 조절에
주의한다.

10 실을 준비해서 새들스티치를 한다. 바
느질이 끝나면 실을 매듭짓고(31쪽 참
조) 단면을 다듬는다.

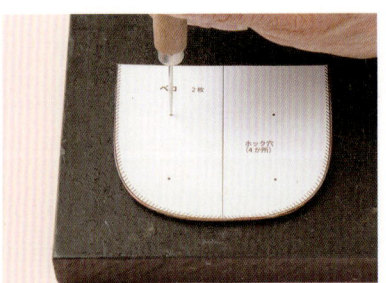

11 속덮개에 도안을 겹쳐놓고 원형송곳
으로 스프링스냅을 달 위치를 표시한
다(2장).

12 원형 펀치로 구멍을 뚫어서(2장 8군데) 스프링스냅을 단다.

6 속덮개에 스프링스냅을 단다(39쪽 참조)

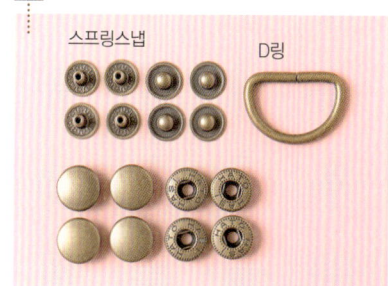

스프링스냅   D링

(아래) 속덮개 (표면) (위)

스프링스냅(수) 스프링스냅(암)

※암단추와 수단추 위치를 똑같이 맞춘다.

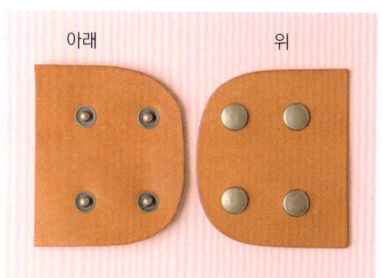

아래   위

13 속덮개에 스프링스냅을 단 모습. 단추를 채우고 끌러보면서 확인한다.

장식 스티치 응용하기

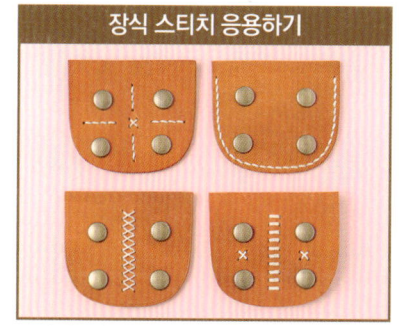

스티치를 가볍게 더하는 것만으로도 사랑스러운 나만의 작품이 완성됩니다.

7 주머니를 만들고, 안단을 붙인다

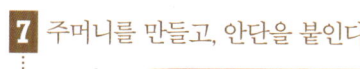

14 앞주머니 표면에 도안을 놓고 원형송곳으로 표시한 다음 자를 대서 선을 긋는다.

15 다트선을 칼로 재단하고(16쪽 참조), 단면을 다듬는다.

16 크리저로 바느질 보조선을 긋는다(22쪽 참조).

17 다트선 위에 2날 목타로 구멍을 3개 뚫은 뒤, 옆선과 바닥도 구멍을 뚫는다.

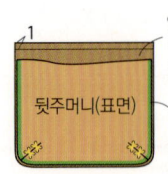

앞주머니(표면)
접착제를 바를 부분은 미리 사포로 갈아두기

뒷주머니(표면)

부분에 접착제를 발라 앞주머니와 뒷주머니를 맞대어 붙이기

1

18 크로스스티치로 꿰매고, 바느질이 끝나면 매듭을 묶고 접착제를 발라 마감한다.

19 앞주머니의 양옆과 아래에 접착제를 발라 뒷주머니를 붙인다.

20 실로 꿰매지 않은 구멍에 다이아몬드 목타를 대고 다시 한 번 바느질 구멍을 뚫는다.

21 바느질 시작과 마지막은 더블스티치로 꿰매고, 양옆과 바닥은 새들스티치로 꿰맨 뒤, 뒷주머니의 여분은 잘라낸다.

22 원형송곳으로 안단을 달 가이드선을 긋는다.

안단을 달 위치

23 가이드선의 위쪽(안단을 달 위치)을 사포로 가볍게 문지른다.

24 접착제를 발라 한쪽 면에 안단을 붙이고 구멍을 뚫는다.

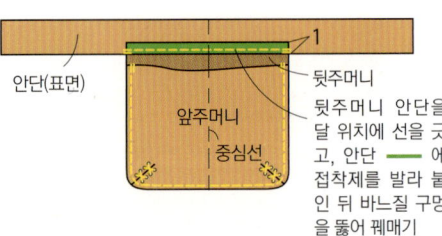

D링 고리
2.5   1.5
D링

안단(표면)

앞주머니

중심선

1

뒷주머니

뒷주머니 안단을 달 위치에 선을 긋고, 안단   에 접착제를 발라 붙인 뒤 바느질 구멍을 뚫어 꿰매기

25 새들스티치로 안단과 뒷주머니를 연결하고 바느질 시작과 마지막 땀은 더블스티치로 마무리한다. D링 고리에 D링을 끼워 새들스티치로 꿰맨다.

손잡이 달 위치

몸판(표면)

26 몸판 표면에 도안을 놓고 손잡이 달 위치를 원형송곳으로 되도록 가장자리에 표시한다.

27 표시한 위치에 손잡이를 놓고 손잡이를 걸치듯이 2날 목타로 표시한다.

28 몸판에 구멍을 뚫는다. 다른 3곳도 마찬가지로 구멍을 뚫는다.

★

29 몸판의 테두리에 구멍을 뚫는다. 이때 앞판과 뒤판의 옆 구멍 개수는 같아야 한다(★).

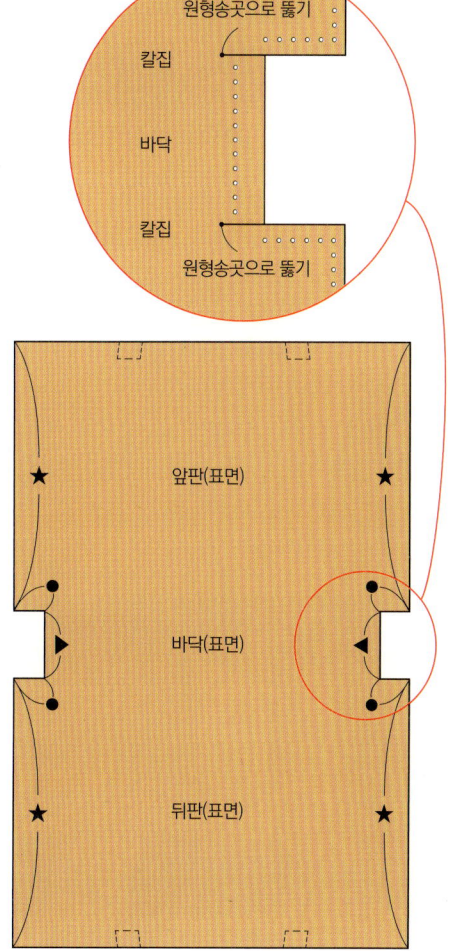

원형송곳으로 뚫기

칼집

바닥

칼집

원형송곳으로 뚫기

앞판(표면)

★   ★

바닥(표면)

뒤판(표면)

★   ★

각 표시끼리는 구멍 개수를 똑같이 뚫는다.

30 몸판 뒷면에 손잡이 달 위치를 커터칼로 긁는다. 손잡이의 접착면도 사포로 가볍게 문지른다.

31 양쪽 면에 고무계 접착제를 바르고 반쯤 말랐을 때 맞붙인다.

32 클립 등으로 고정해 접착시킨다.

33 **28**에서 뚫어 놓은 구멍을 원형송곳으로 뒷면까지 관통하게 뚫는다.

34 실을 약간 길게 준비해서 **33**에서 뚫은 구멍을 새들스티치로 꿰맨다.

뒷면

표면

35 몸판에 손잡이를 단 모습.

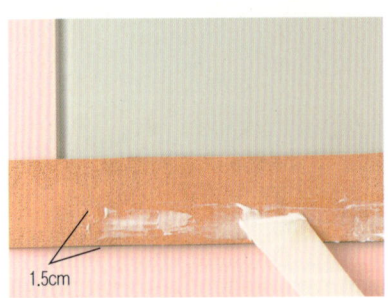

1.5cm

36 안단 표면에 크리저로 바느질 보조선을 그은 뒤, 뒷면에 1.5cm 폭으로 접착제를 바른다.

뒤쪽

37 몸판 뒷면에 안단을 붙인다.

뒤쪽

38 **33**와 마찬가지로 원형송곳으로 바느질 구멍을 안쪽까지 뚫는다.

39 손잡이를 제외하고, 다이아몬드 목타로 안단까지 관통하도록 다시 한 번 구멍을 뚫는다.

9 몸판에 속덮개와 D링을 단다

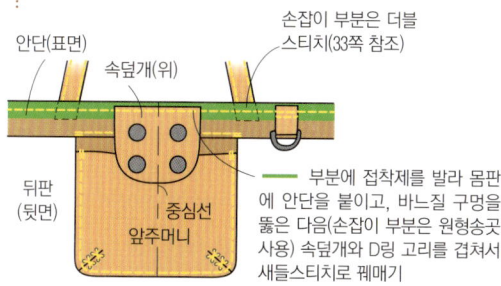

안단(표면)

속덮개(위)

손잡이 부분은 더블
스티치(33쪽 참조)

뒤판
(뒷면)

중심선
앞주머니

━━ 부분에 접착제를 발라 몸판
에 안단을 붙이고, 바느질 구멍을
뚫은 다음(손잡이 부분은 원형송곳
사용) 속덮개와 D링 고리를 겹쳐서
새들스티치로 꿰매기

40 속덮개와 D링을 달 위치를 사포로 가
볍게 문지르고 접착제를 발라 붙인다.

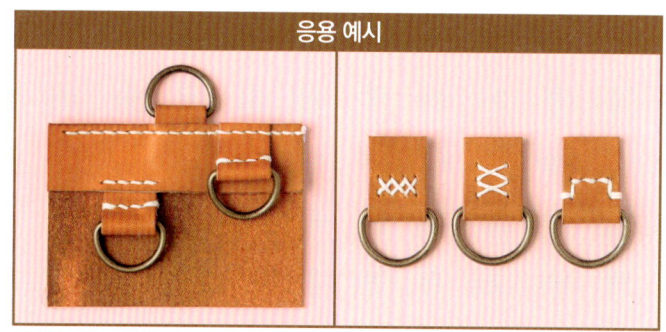

응용 예시

D링을 다는 위치를 바꾸거나 좋아하는 스티치 기법을 응용해 다양한 변화를
줄 수 있습니다.

41 손잡이 부분은 원형송곳으로, 속덮개
나 D링은 마름송곳(원형송곳도 가능)
으로 구멍을 뚫으면서 새들스티치를 한다.

42 가방의 무게를 지탱하는 손잡이(◎) 부
분은 더블스티치로 튼튼하게 꿰맨다.

43 안단의 여분은 잘라낸다.

손잡이

속덮개
(아래)

몸판

주머니

속덮개
(위)

안단

D링 고리

44 몸판에 각 조각을 연결한 모습.

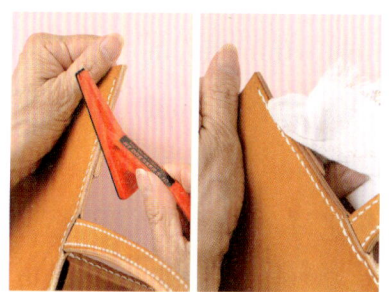

45 가방 입구의 단면을 사포로 갈아 정
리하고 마감제를 발라 다듬는다(20쪽
참조).

10 몸판의 옆선과 바닥선을 꿰맨다

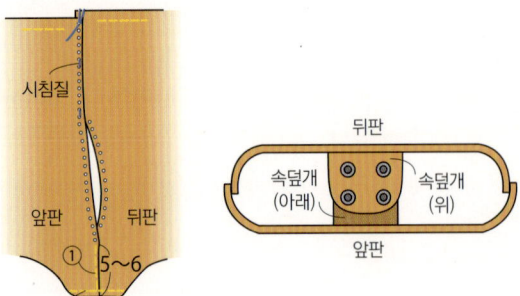

② 뒤판에 앞판을 겹쳐 ①을 꿰매고, 바닥②를 박음질로 왕복한 다음 남은 옆선을 위까지 꿰맨다.

46 접착제를 바를 수 없으므로 뒤판에 앞판을 겹쳐서 군데군데 시침질로 고정한다.

47 바닥부터 5~6cm를 새들스티치로 꿰맨다. 옆선을 전부 꿰매면 바닥을 박음질할 때 손이 들어가지 않으니 주의한다.

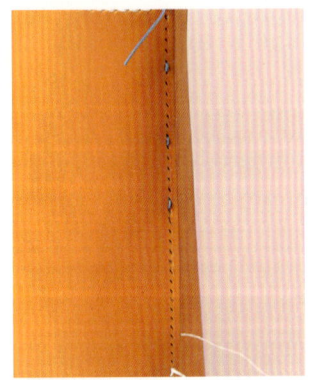

48 실과 바늘은 그대로 놓아둔다.

49 따로 바늘 한 개와 실(약 60cm)를 준비한다. 두 번째 구멍으로 바늘을 빼서 바닥을 박음질한다.

50 박음질이 끝난 모습(뒷면). 계속 박음질해서 시작땀으로 되돌아온다.

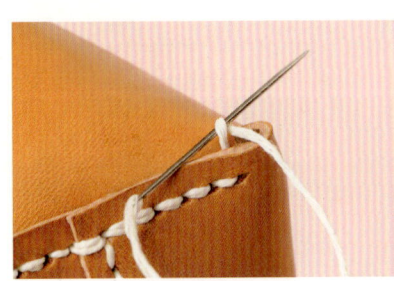

51 바느질이 끝나면 틈새로 바늘을 빼서 실을 한 번 감고, 다시 한 번 실을 감아 매듭짓는다.

롱노즈 플라이어
바늘이 잘 빠지지 않을 때 사용하면 편리합니다. 평집게를 써도 됩니다.

52 실과 바늘을 몸판 뒷면 쪽으로 다시 집어넣는다.

53 바늘을 잡아당겨 매듭을 뒷면으로 빼내고 접착제를 발라 마무리한다.

박음질(왕복)

54 48에서 그대로 두었던 바늘과 실을 이용해 남은 옆선을 새들스티치로 꿰맨다.

55 남겨두었던 구멍 3개까지 꿰매면 바늘 하나로 바느질한다.

56 입구는 실을 두 번 걸쳐서 꿰매고 마지막 땀은 매듭을 묶지 않는 방법 (29~30쪽)으로 마무리한다.

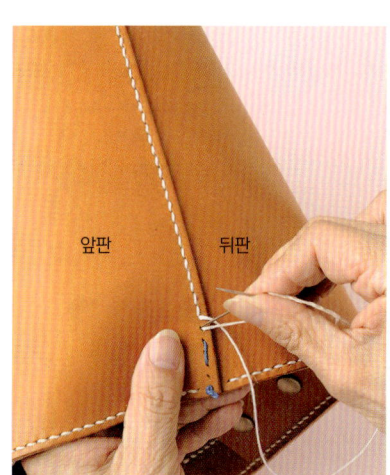

57 반대쪽 옆선과 바닥도 같은 방법으로 꿰맨다.

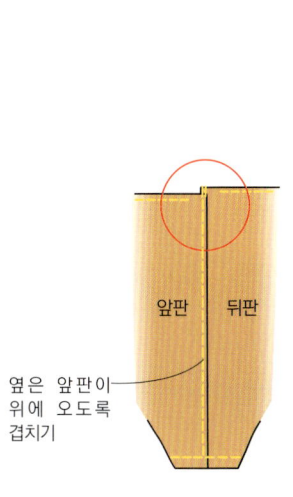

옆은 앞판이 위에 오도록 겹치기

앞판　뒤판

완성

25.5

33

5

액자

두꺼운 가죽으로 만들어서 받침대 없이 세울 수 있는 액자입니다.
안쪽에 돈피를 붙여서 형태를 빳빳하게 유지해주고 표면이 매끄러워서
사진이나 카드를 넣고 빼기 쉽습니다.

× × × × × ×

HOW TO MAKE
P.92

액자

90쪽 작품 · 실물 크기 도안 B면

준비물   베지터블 소가죽 – 두께 2.2mm 약 16DS
         돈피 – 약 8DS
         기타 – 면봉, 이쑤시개

완성 크기   17cm×약 30cm

1 도안을 만들고, 가죽 뒷면을 정리한다(실물 크기 도안, 19쪽 참조)

2 여유 있게 가재단을 하고, 도안선을 따라 재단을 한다(18쪽 참조)

*제도

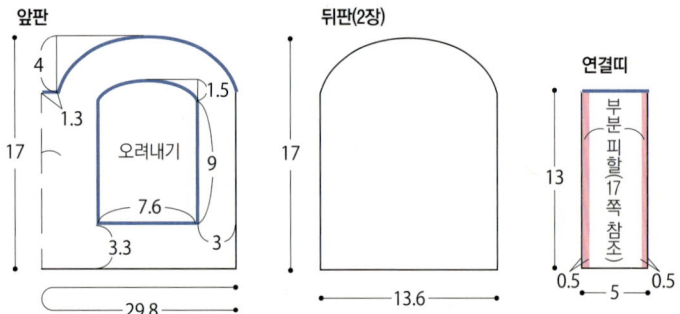

앞판

4 1.5 1.3 17 오려내기 9 7.6 3 3.3 29.8

뒤판(2장)

17 13.6

연결띠

부분 피할(17쪽 참조) 13 0.5 5 0.5

마감제로 가죽 뒷면을 정리하고, ━━ 부분은 단면을 다듬는다.
※연결띠는 두께 1.5mm로 전체 피할하고(17쪽 참조),
   양쪽 가장자리는 두께 1mm로 부분 피할한다.

*재단 배치도

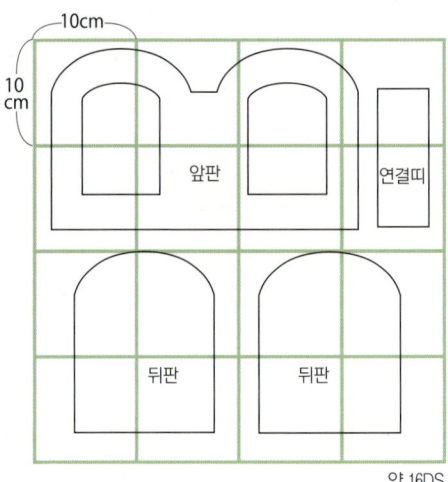

10cm 10cm 앞판 연결띠 뒤판 뒤판

약 16DS

3 앞판에 바느질 보조선을 긋고, 구멍을 뚫는다(22~24쪽 참조)

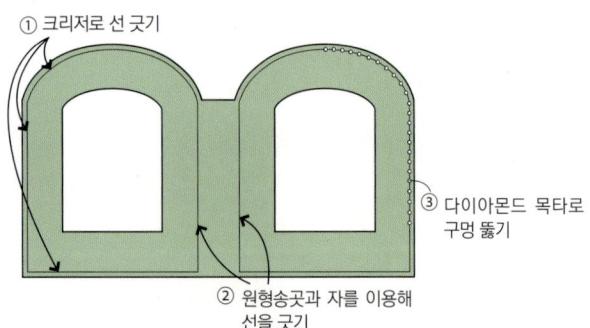

① 크리저로 선 긋기

③ 다이아몬드 목타로 구멍 뚫기

② 원형송곳과 자를 이용해 선을 긋기

4 뒤판·뒷면에 돈피를 접착제로 붙이고 여분은 잘라낸다.
크리저로 바느질 보조선을 긋고 다이아몬드 목타로
구멍을 뚫는다

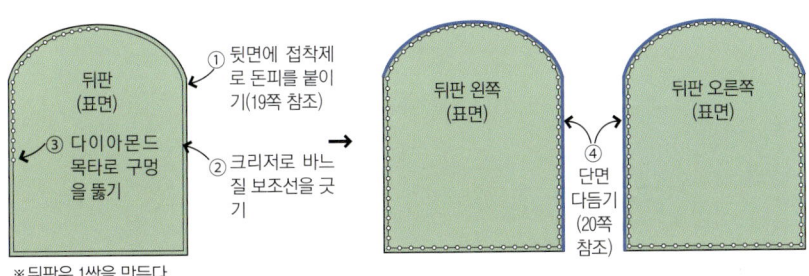

① 뒷면에 접착제로 돈피를 붙이기(19쪽 참조)

뒤판(표면)

③ 다이아몬드 목타로 구멍을 뚫기

② 크리저로 바느질 보조선을 긋기

뒤판 왼쪽(표면)

뒤판 오른쪽(표면)

④ 단면 다듬기(20쪽 참조)

※뒤판은 1쌍을 만든다.

5 앞판과 뒤판의 입구 부분을 꿰맨다

새들스티치(27~28쪽 참조)

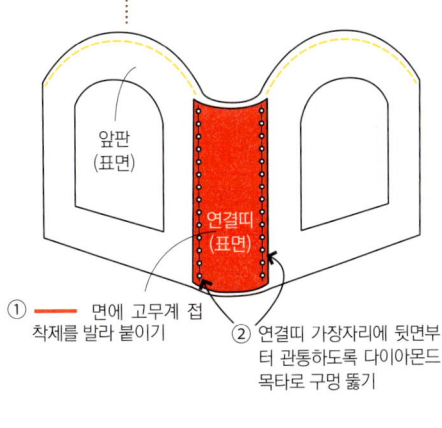

입구

새들스티치

앞판   뒤판

6 앞판에 연결띠를 붙인다

앞판(표면)

연결띠(표면)

① ── 면에 고무계 접착제를 발라 붙이기

② 연결띠 가장자리에 뒷면부터 관통하도록 다이아몬드 목타로 구멍 뚫기

둥글게 구부리면서 붙인다.

7 뒤판에 앞판을 맞붙여서 꿰맨다

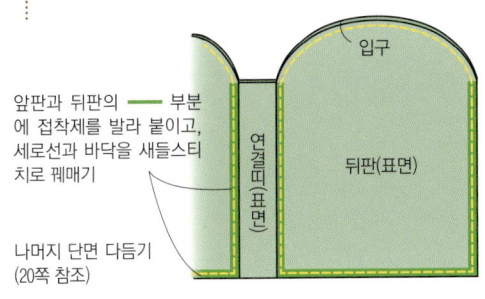

앞판과 뒤판의 ── 부분에 접착제를 발라 붙이고, 세로선과 바닥을 새들스티치로 꿰매기

나머지 단면 다듬기(20쪽 참조)

입구

연결띠(표면)

뒤판(표면)

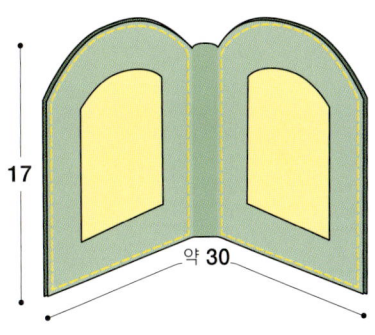

17

약 30

지갑

심플한 디자인과 기능성을 겸비한 지갑입니다.
덮개 안쪽은 지갑을 여닫을 때 주름이 생기지 않도록 휘어붙이기 기법으로 만들었습니다.

× × × × × ×

HOW TO MAKE
P.96

지갑

94쪽 수록 작품 · 실물 크기 도안 A면

준비물 베지터블 소가죽 – 두께 2mm 약 16DS
부자재 – 지퍼 14cm, 스프링스냅 #0805 2쌍
도구 – 원형 펀치 18호(5.4mm), 25호(7.5mm)
스프링스냅 누름쇠(15mm 전용), 다용도 금속판
기타 – 면봉, 이쑤시개

완성 크기 9.5cm×18cm

HOW TO MAKE

1 도안을 만들고 가죽 뒷면을 정리한다(실물 크기 도안, 19쪽 참조)

2 도안선보다 여유 있게 가재단하고, 도안선을 따라 재단한다(18쪽 참고)

3 가죽 표면에 원형송곳으로 도안의 • 부분을 표시한다(41쪽 참조)

4 몸판에 크리저로 바느질 보조선을 긋고 다이아몬드 목타로 구멍을 뚫는다(22~24쪽 참조)

*제도

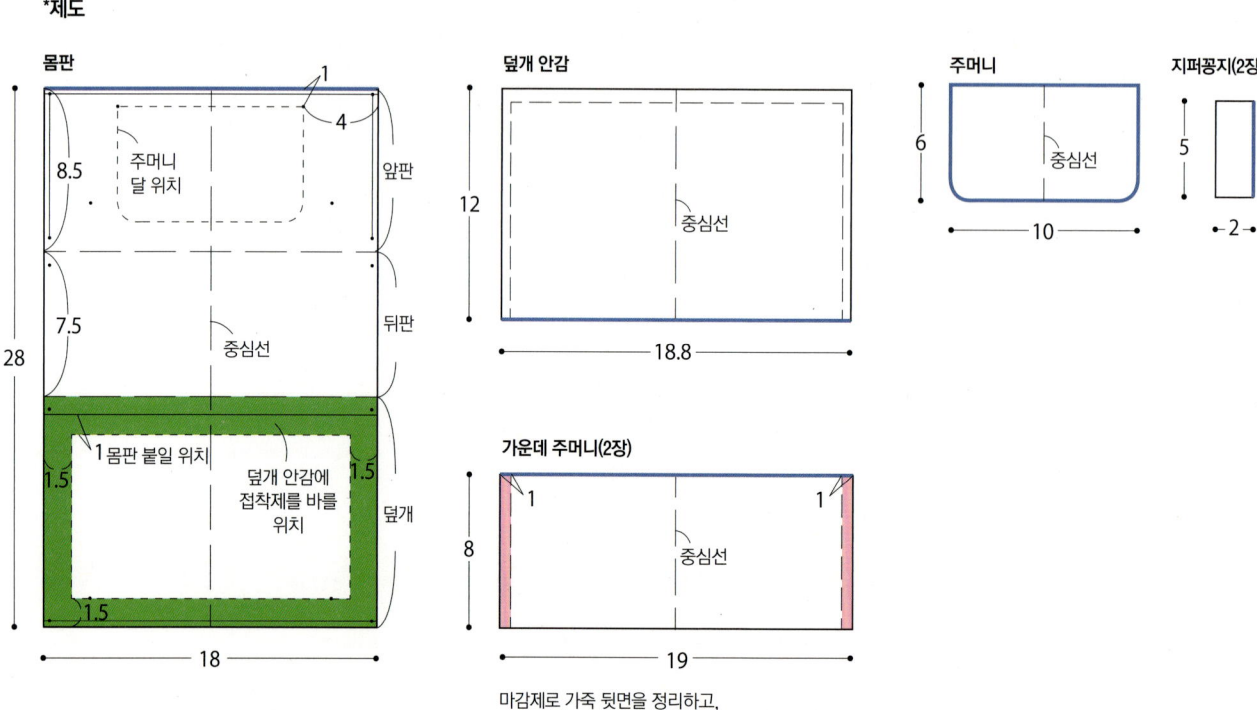

마감제로 가죽 뒷면을 정리하고,
▬▬ 부분의 단면을 다듬는다.
▬▬ 부분은 부분 피할한다(17쪽 참조).
※가운데 주머니와 주머니는 두께 1.5mm로, 안감과 지퍼꽁지는 두께 1mm로 전체 피할하고(17쪽 참조),
　가운데 주머니 옆선은 두께 1mm로 부분 피할한다.

*재단 배치도

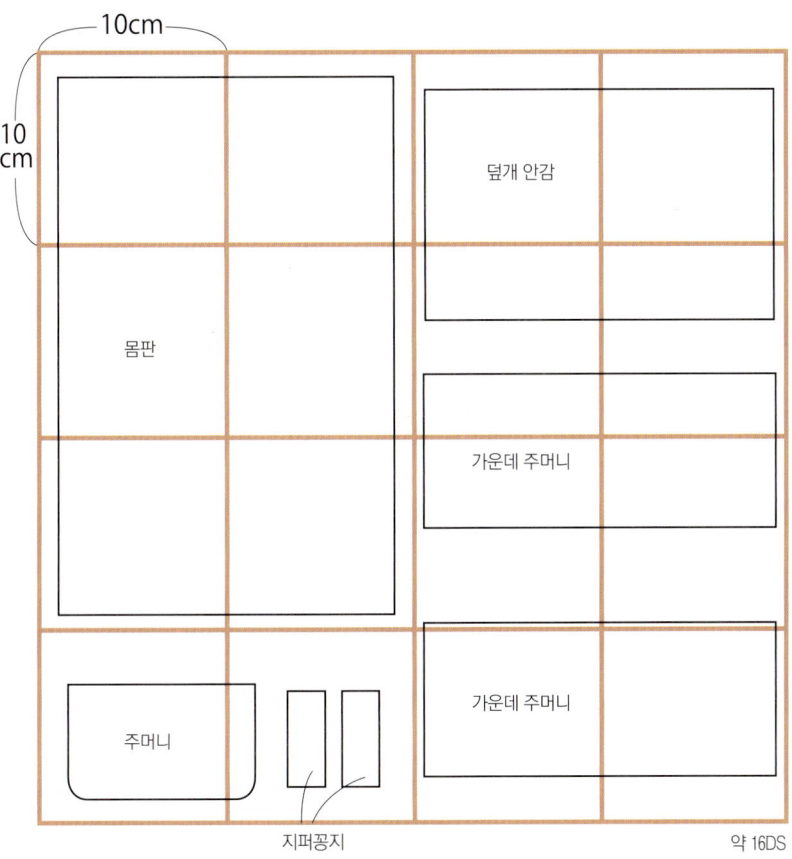

10cm

10cm

몸판

덮개 안감

가운데 주머니

가운데 주머니

주머니

지퍼꽁지

약 16DS

---

5 **몸판 앞쪽에 주머니를 붙인다**(21쪽 참조)

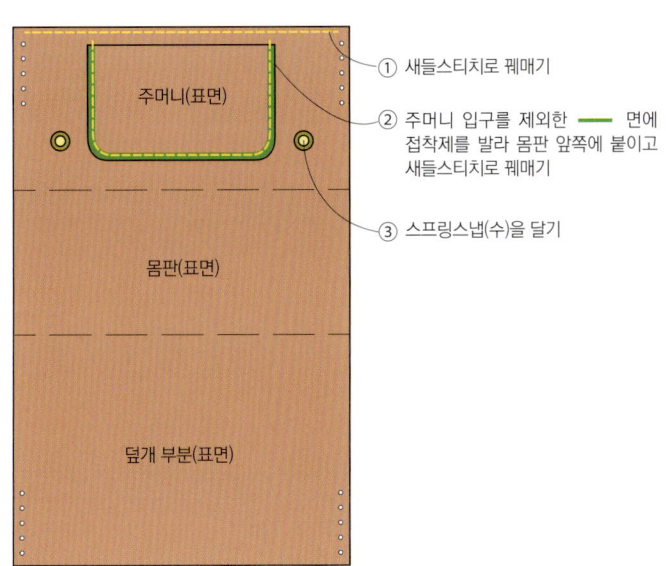

주머니(표면)

몸판(표면)

덮개 부분(표면)

① 새들스티치로 꿰매기

② 주머니 입구를 제외한 ━━ 면에 접착제를 발라 몸판 앞쪽에 붙이고 새들스티치로 꿰매기

③ 스프링스냅(수)을 달기

6 몸판 덮개 부분에 덮개 안감을 붙인다

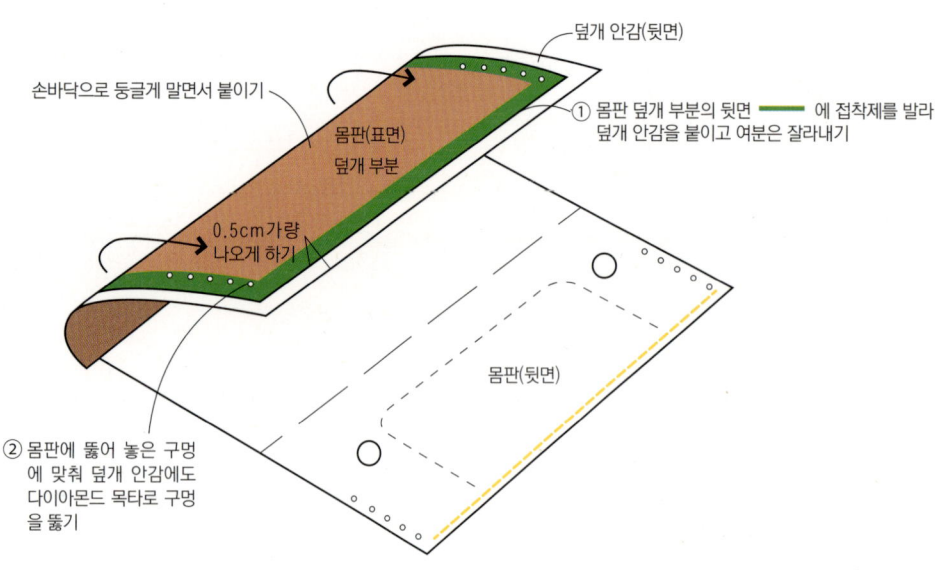

덮개 안감(뒷면)

손바닥으로 둥글게 말면서 붙이기

① 몸판 덮개 부분의 뒷면 ▬ 에 접착제를 발라
덮개 안감을 붙이고 여분은 잘라내기

몸판(표면)
덮개 부분

0.5cm가량
나오게 하기

몸판(뒷면)

② 몸판에 뚫어 놓은 구멍
에 맞춰 덮개 안감에도
다이아몬드 목타로 구멍
을 뚫기

※사진 속 지갑은 휘어붙이기 기법을 설명하기 위해
바느질 구멍을 뚫지 않았습니다.

1 몸판 덮개 뒷면의 바깥쪽에 접착제를
바른다.

2 덮개 안감을 맞붙인다.

3 안쪽으로 구부리면서 덮개 안감이 5mm
가량 나올 정도로 휘어붙이기한다.

7 지퍼가 달린 가운데 주머니를 만든다(지퍼 다는 방법은 42쪽 참조)

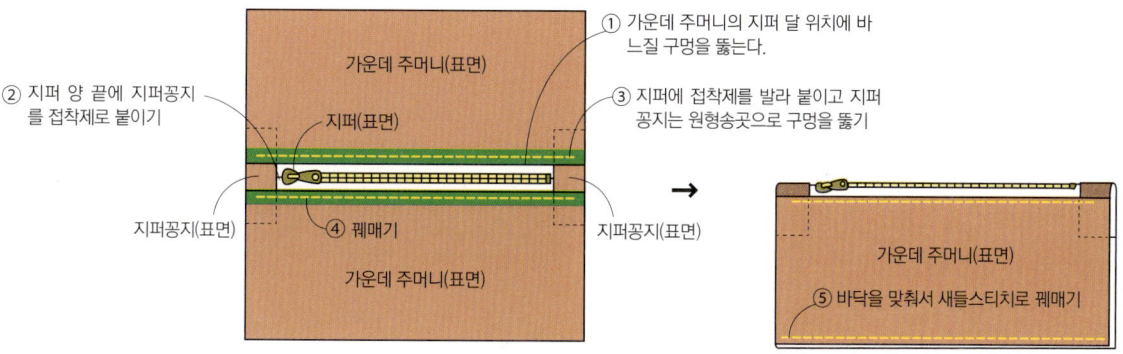

① 가운데 주머니의 지퍼 달 위치에 바느질 구멍을 뚫는다.

② 지퍼 양 끝에 지퍼꽁지를 접착제로 붙이기

③ 지퍼에 접착제를 발라 붙이고 지퍼꽁지는 원형송곳으로 구멍을 뚫기

가운데 주머니(표면)

지퍼(표면)

지퍼꽁지(표면)

④ 꿰매기

지퍼꽁지(표면)

가운데 주머니(표면)

가운데 주머니(표면)

⑤ 바닥을 맞춰서 새들스티치로 꿰매기

8 몸판에 가운데 주머니를 붙이고 몸판 둘레를 꿰맨다

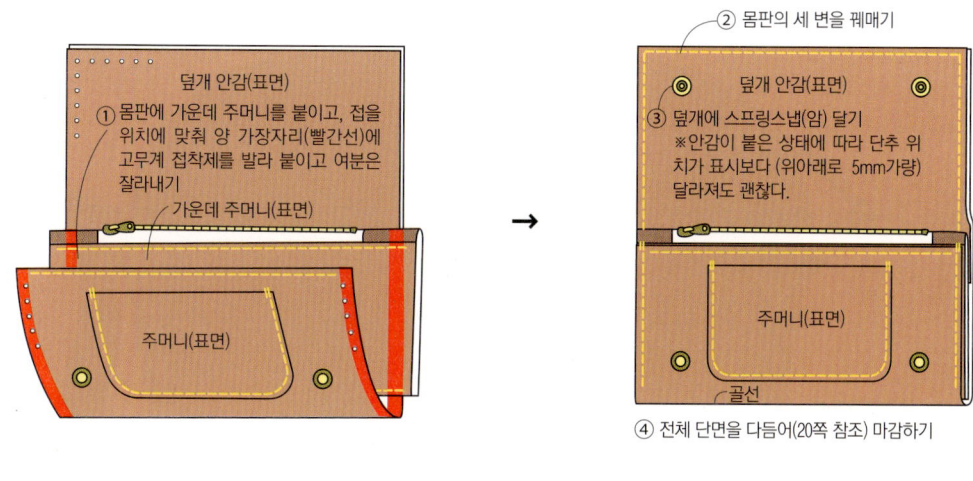

덮개 안감(표면)

① 몸판에 가운데 주머니를 붙이고, 접을 위치에 맞춰 양 가장자리(빨간선)에 고무계 접착제를 발라 붙이고 여분은 잘라내기

가운데 주머니(표면)

주머니(표면)

② 몸판의 세 변을 꿰매기

덮개 안감(표면)

③ 덮개에 스프링스냅(암) 달기
※안감이 붙은 상태에 따라 단추 위치가 표시보다 (위아래로 5mm가량) 달라져도 괜찮다.

주머니(표면)

골선

④ 전체 단면을 다듬어(20쪽 참조) 마감하기

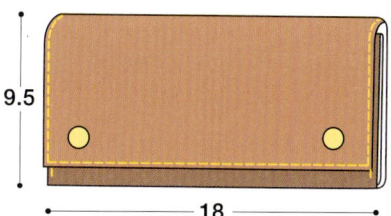

9.5

18

숄더백

형압 가공한 가죽으로 만든 클래식한 디자인의 숄더백입니다.
입구를 넓게 디자인해서 내용물을 넣고 빼기 쉽게 만들었습니다.
형압 가공한 가죽은 흠집이 생겨도 눈에 잘 띄지 않아 다루기 편하답니다.

× × × × × ×

HOW TO MAKE
P.102

숄더백

100쪽 작품 · 실물 크기 도안 B면

준비물
베지터블 소가죽 – 두께 2.2mm 약 40DS
부자재 – 자석스냅(18mm) 1쌍
버클(21mm), 사각링(24mm) 2개
도구 – 원형 펀치 15호(4.5mm)
기타 – 가죽전용 염료, 면봉, 이쑤시개

완성 크기 19.5cm×23cm×9.5cm

1 도안을 만들고 가재단한 뒤, 뒷면을 정리한다(실물 크기 도안, 18~19쪽 참조)

2 도안선을 따라 재단한다(18쪽 참조)

3 제도 ── 부분에 색을 입히고 단면을 다듬는다(20쪽 참조)

*제도

몸판(2장)
19.5
중심선
26.8

바닥
0.7
9.5
중심선
22.9

입구띠 겉감 · 안단 (각 2장)
7
중심선
26.8

옆판(2장)
4
17.5
0.5
0.5
2.5

어깨끈(짧은 쪽)
5.5   5.5
2
40

어깨끈(긴 쪽)
2
6
106

마감제로 가죽 뒷면을 정리하고, ── 부분에 색을 입혀 단면을 다듬는다.
▬▬ 부분은 부분 피할한다(17쪽 참조).
※입구띠 겉감은 두께 1.5mm, 입구띠 안단은 두께 1.2mm로 전체피할하고(17쪽 참조), 옆판, 어깨끈(짧은 쪽)의 양 끝, 어깨끈(긴 쪽)의 접는 부분은 두께 1.8mm, 밑판 테두리는 두께 1.5mm로 부분 피할한다.

*재단 배치도

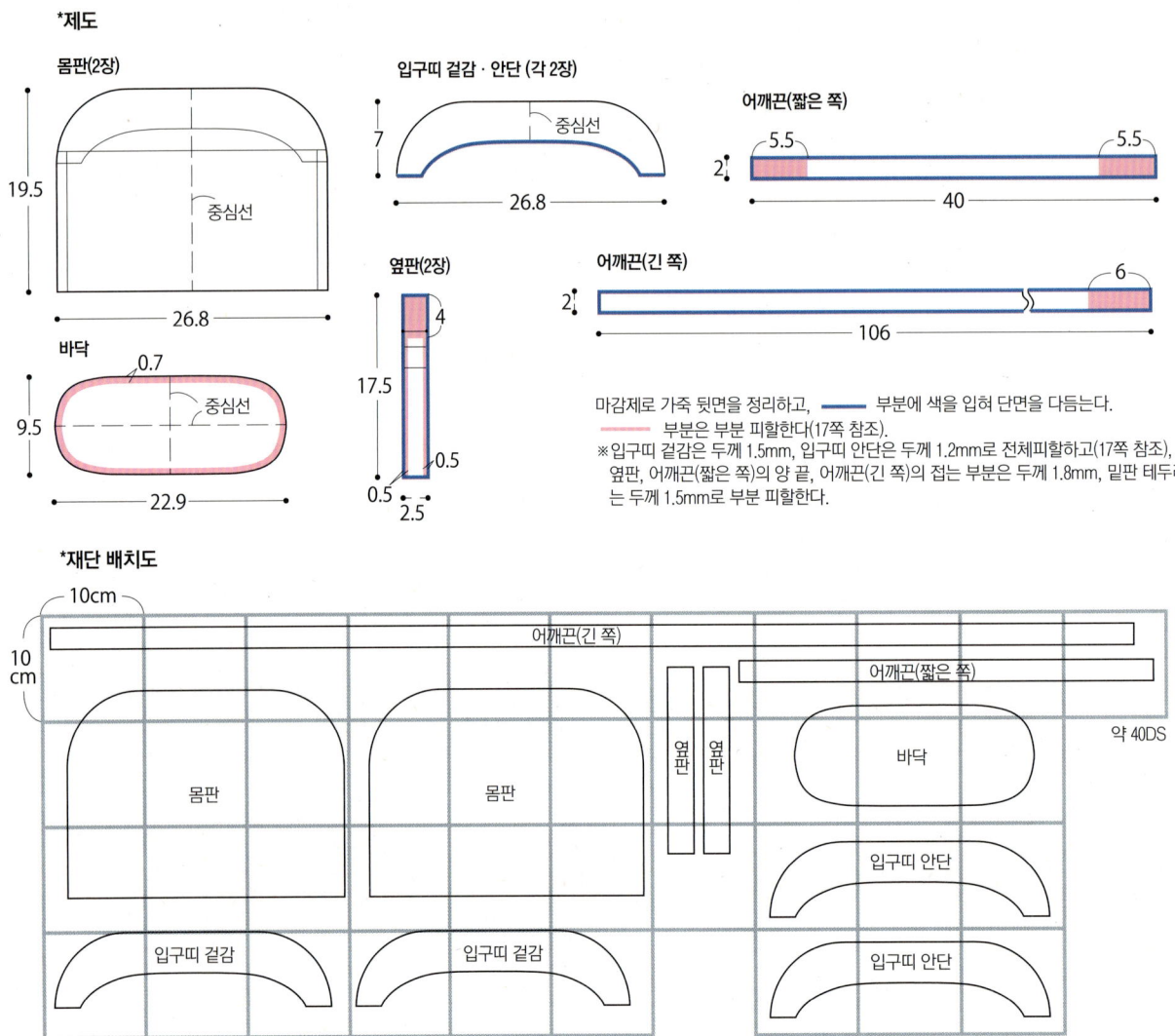

10cm
10 cm
어깨끈(긴 쪽)
어깨끈(짧은 쪽)
몸판
몸판
옆판
옆판
바닥
약 40DS
입구띠 안단
입구띠 겉감
입구띠 겉감
입구띠 안단

4 입구띠 겉감과 안단을 몸판에 붙인다(21쪽 참조)

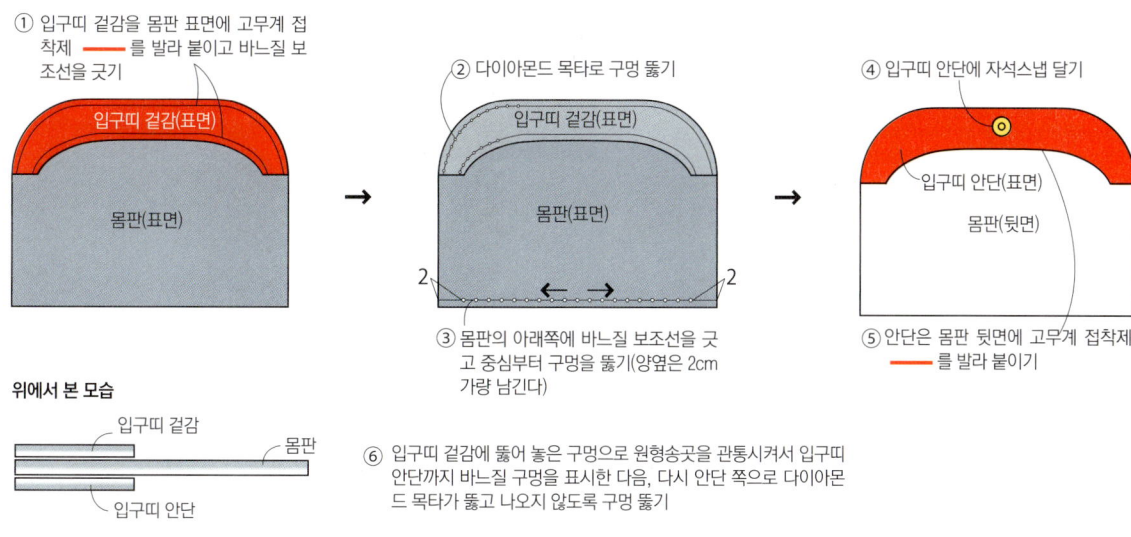

① 입구띠 겉감을 몸판 표면에 고무계 접
착제 ▬▬ 를 발라 붙이고 바느질 보
조선을 긋기

입구띠 겉감(표면)

몸판(표면)

② 다이아몬드 목타로 구멍 뚫기

입구띠 겉감(표면)

몸판(표면)

2   2

③ 몸판의 아래쪽에 바느질 보조선을 긋
고 중심부터 구멍을 뚫기(양옆은 2cm
가량 남긴다)

④ 입구띠 안단에 자석스냅 달기

입구띠 안단(표면)

몸판(뒷면)

⑤ 안단은 몸판 뒷면에 고무계 접착제
▬▬ 를 발라 붙이기

위에서 본 모습

입구띠 겉감
몸판
입구띠 안단

⑥ 입구띠 겉감에 뚫어 놓은 구멍으로 원형송곳을 관통시켜서 입구띠
안단까지 바느질 구멍을 표시한 다음, 다시 안단 쪽으로 다이아몬
드 목타가 뚫고 나오지 않도록 구멍 뚫기

⑦ 입구띠 겉감의 양 가장자리를 새들스티치로 꿰매기

5 옆판에 사각링을 끼운다

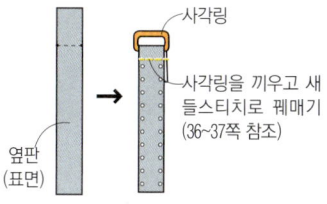

사각링

사각링을 끼우고 새
들스티치로 꿰매기
(36~37쪽 참조)

옆판
(표면)

6 몸판에 옆판을 연결해서 반으로 접는다

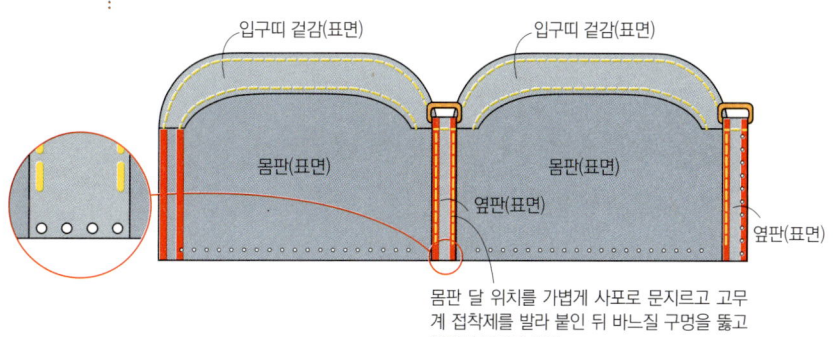

입구띠 겉감(표면)   입구띠 겉감(표면)

몸판(표면)   몸판(표면)

옆판(표면)

옆판(표면)

몸판 달 위치를 가볍게 사포로 문지르고 고무
계 접착제를 발라 붙인 뒤 바느질 구멍을 뚫고
꿰매서 반으로 접기

1 몸판에 옆판을 꿰매어 이은 모습.

2 옆판 안쪽(뒷면). 접착선에 맞춰 붙이면 몸판과 몸판 사이에 간격이 생긴다.

3 고무계 접착제로 옆판을 맞붙여서 반으로 접는다.

4 몸판 안에 고무판을 넣어 다이아몬드 목타로 구멍을 뚫고,

5 바느질 시작땀은 더블스티치(33쪽 참조)해서 입구부터 새들스티치로 꿰매 내려간다.

6 몸판과 몸판을 연결한 모습.

7 바닥을 연결한다

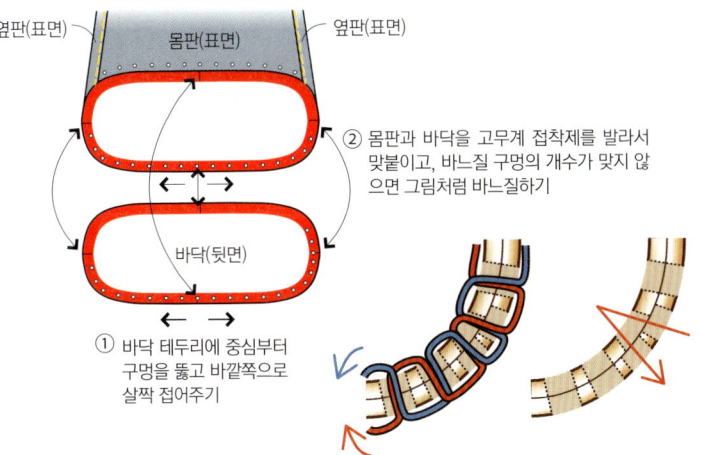

옆판(표면) 몸판(표면) 옆판(표면)

② 몸판과 바닥을 고무계 접착제를 발라서 맞붙이고, 바느질 구멍의 개수가 맞지 않으면 그림처럼 바느질하기

바닥(뒷면)

① 바닥 테두리에 중심부터 구멍을 뚫고 바깥쪽으로 살짝 접어주기

곡선을 꿰맬 때 맞붙인 가죽의 안쪽과 바깥쪽의 바느질 구멍 개수가 다를 수도 있다. 바늘 구멍의 개수가 차이 나는 곳에서는, 안쪽은 1번 통과한 바늘구멍에서 바깥쪽의 다음 구멍에 바늘을 넣고 바깥쪽은 원래대로 바느질해서 조절한다.

1 바닥에 구멍을 뚫은 뒤, 몸판을 붙일 테두리를 바깥쪽으로 살짝 접는다.

2 바닥과 몸판에 고무계 접착제를 바르고 4군데를 기점으로 단면 둘레가 층지지 않도록 붙인 뒤, 새들스티치로 꿰매 잇는다.

8 어깨끈을 만든다 (36~37쪽 참조)

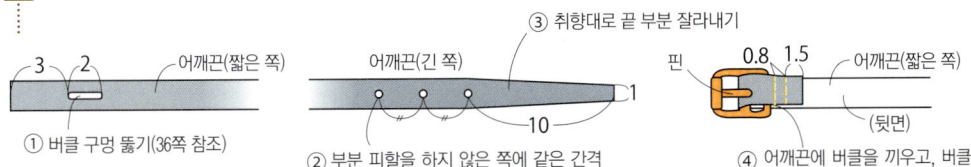

3 2 어깨끈(짧은 쪽)
① 버클 구멍 뚫기 (36쪽 참조)

어깨끈(긴 쪽)
③ 취향대로 끝 부분 잘라내기
② 부분 피할을 하지 않은 쪽에 같은 간격 (2.5cm~3cm가량)으로 구멍을 뚫기
10 1

핀 0.8 1.5 어깨끈(짧은 쪽)
(뒷면)
④ 어깨끈에 버클을 끼우고, 버클 핀을 구멍에 넣고 접어서 새들스티치로 꿰매기

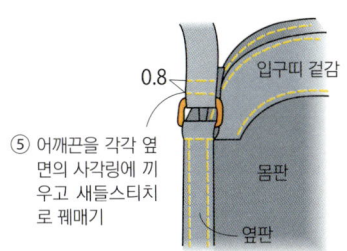

0.8 입구띠 겉감
몸판
옆판
⑤ 어깨끈을 각각 옆면의 사각링에 끼우고 새들스티치로 꿰매기

⑥ 나머지 단면을 다듬어 마무리하기 (20쪽 참조)

어깨끈 끝 부분의 다양한 응용

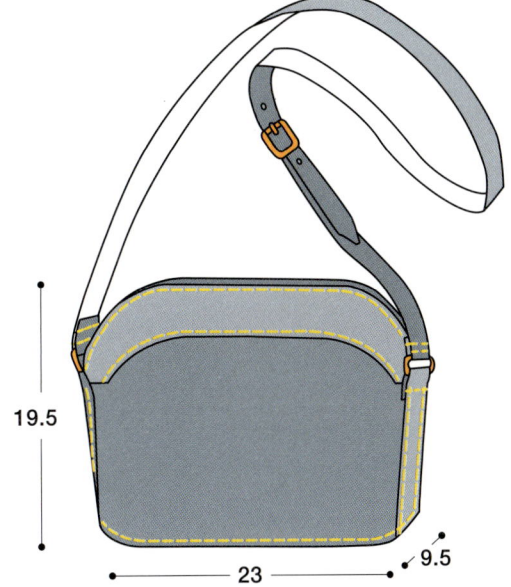

19.5

23 9.5

브리프케이스

금속 장식이 돋보이는 브리프케이스입니다.
A4 사이즈의 서류와 잡지가 들어가는 크기로 만들었습니다.
디자인이 심플해서 꿰매는 실의 색상에 따라 인상이 크게 달라집니다.

× × × × × ×

HOW TO MAKE
P.108

브리프케이스

106쪽 수록 작품 · 실물 크기 도안 B면

준비물   베지터블 소가죽 – 두께 2.2mm 약 76DS
부자재 – 손잡이 심(지름 8mm · 59cm) 2개, 잠금장식
도구 – 원형 펀치10호(3mm), 리벳 세터(소), 다용도 금속판
기타 – 가죽전용 염료, 면봉, 이쑤시개

완성 크기   약 23cm×35cm×11cm

HOW TO MAKE

1 도안을 만들고 가재단한 뒤, 뒷면을 정리한다(실물 크기 도안, 18~19쪽 참조)

2 도안선을 따라 재단한다(18쪽 참조)

3 제도 ━━ 부분에 색을 입히고 단면을 다듬는다(20쪽 참조)

*제도

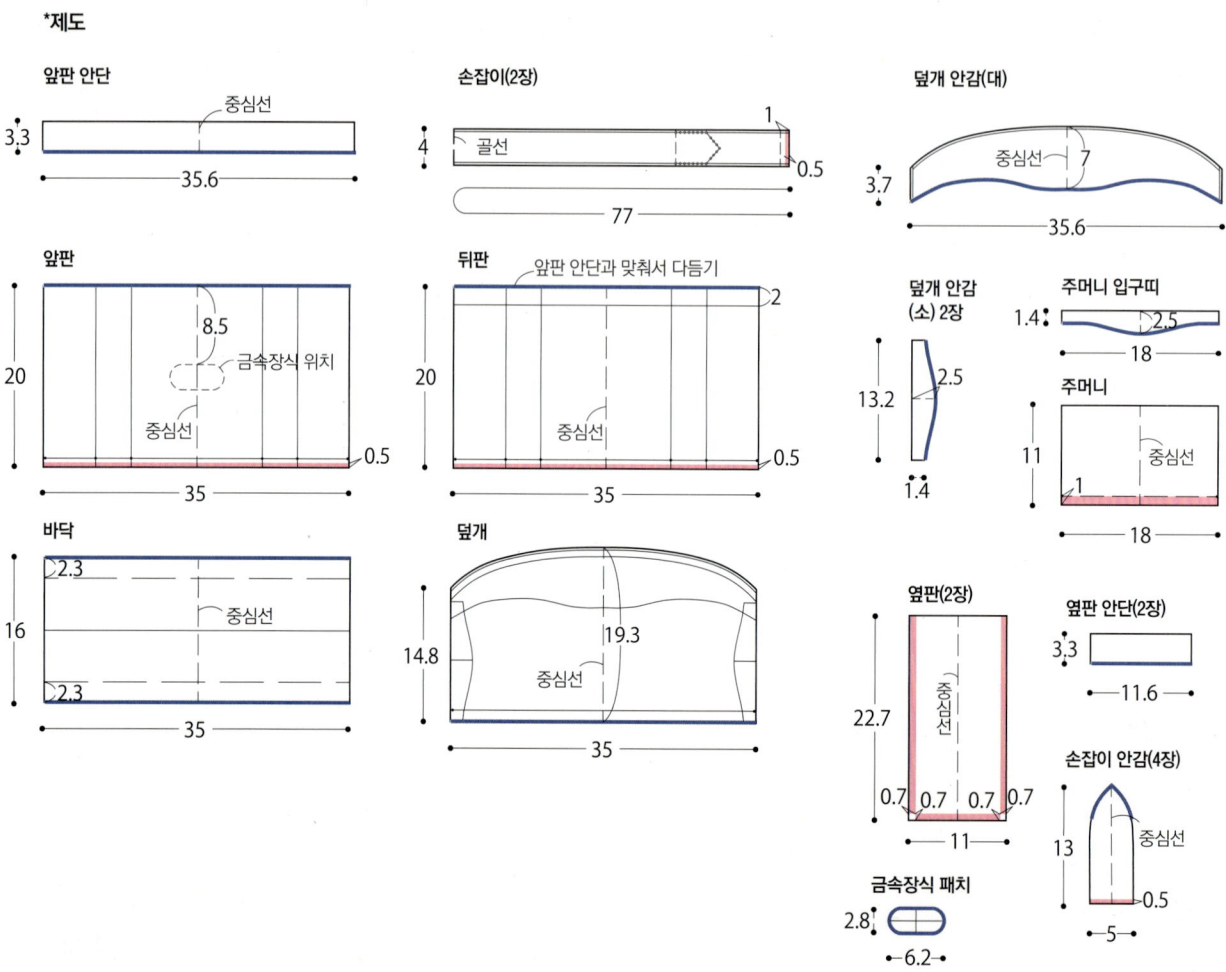

*재단 배치도

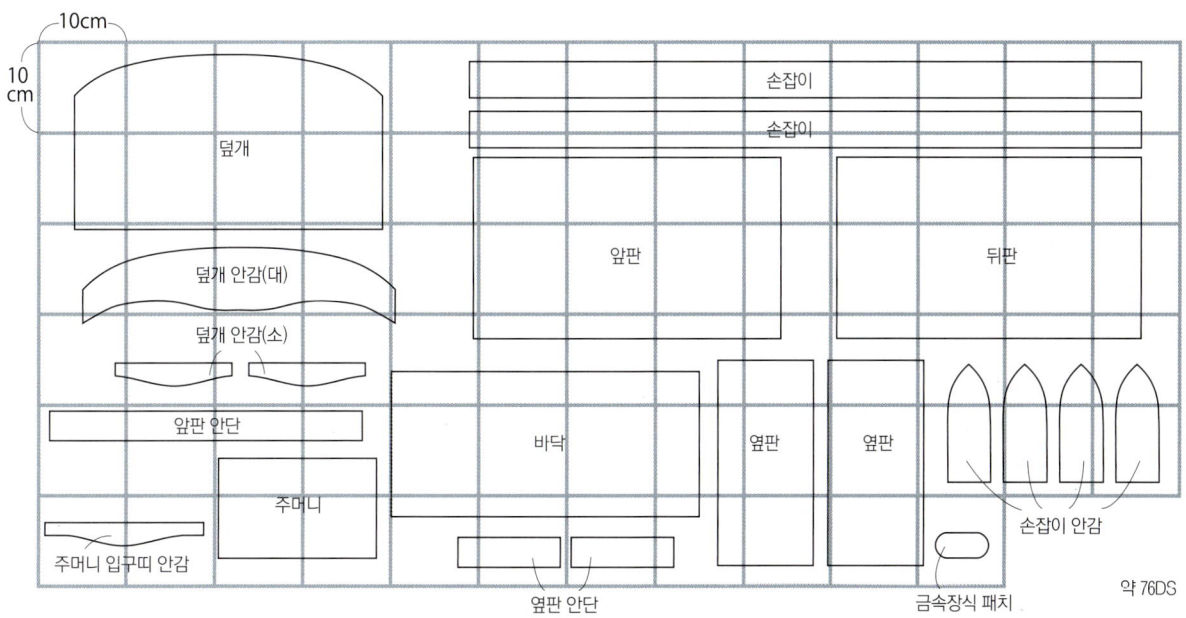

약 76DS

4 손잡이를 만든다

① 전체에 다이아몬드 목타를 이용해 같은 개수의 구멍을 뚫기

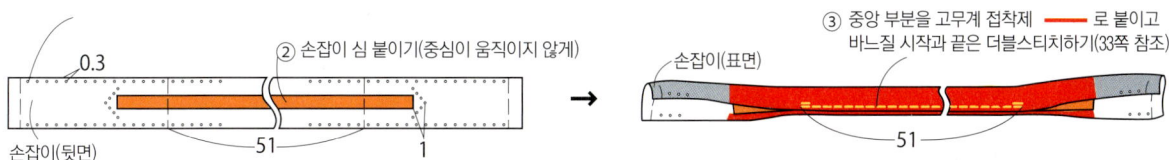

손잡이(뒷면)

0.3

② 손잡이 심 붙이기(중심이 움직이지 않게)

51   1

→

손잡이(표면)

③ 중앙 부분을 고무계 접착제 ▬▬ 로 붙이고
바느질 시작과 끝은 더블스티치하기(33쪽 참조)

51

1 가장자리 양쪽에 고무계 접착제를 바르
고 손잡이 심을 넣어 시침질로 고정한
뒤 새들스티치를 한다.

2 손잡이 중앙 부분을 꿰맨 모습.

④ 크리저로 약간 선을 긋고, 꼭지점에 원형송곳으로 구멍을 뚫어서 손잡이 구멍과 맞춰 고무계 접착제 ▬▬ 로 붙이기

손잡이 심

손잡이(뒷면)　손잡이 안감(표면)

⑤ 마름송곳으로 손잡이 구멍에서 안감까지 관통해 구멍을 뚫고 새들스티치로 꿰매기

손잡이 안감(표면)

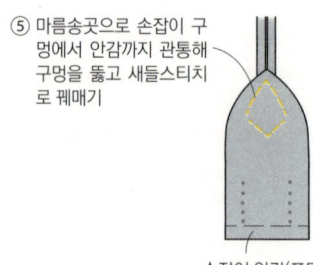

새들스티치로 꿰맨다. 모서리는 두 번 바늘을 넣어 꿰맨다.

바깥쪽

여분은 잘라내기

⑥ 단면은 사포로 문질러 색을 입히고 마감제를 발라 다듬기(20쪽 참조)

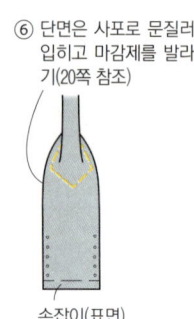

손잡이(표면)

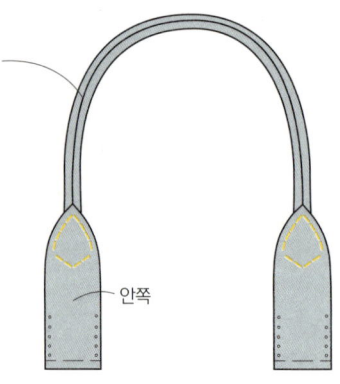

안쪽

⑥

안쪽

5 앞판·옆판에 각각 안단을, 덮개에 덮개 안감(대)·덮개 안감(소)를 붙이고, 여분은 잘라낸다(21쪽 참조)

※각 뒷면에 고무계 접착제 ▬▬ 로 안단을 붙여서 꿰맨다.

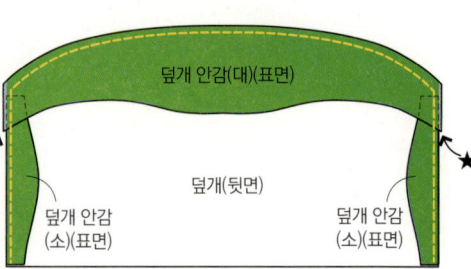

앞판 안단(표면)

앞판(뒷면)

★서 붙인 뒤 여분을 잘라내기
부터 ★까지 접착선을 그어

옆판 안단(표면)

옆판(뒷면)

★선을 그은 뒤 여분은 잘라내기
부터 ★까지 도안을 대고 접착

덮개 안감(대)(표면)

덮개(뒷면)

덮개 안감(소)(표면)

덮개 안감(소)(표면)

※덮개 안감은 작은 조각, 큰 조각 순으로 붙인다.

6 앞판을 만들고 금속장식을 단다

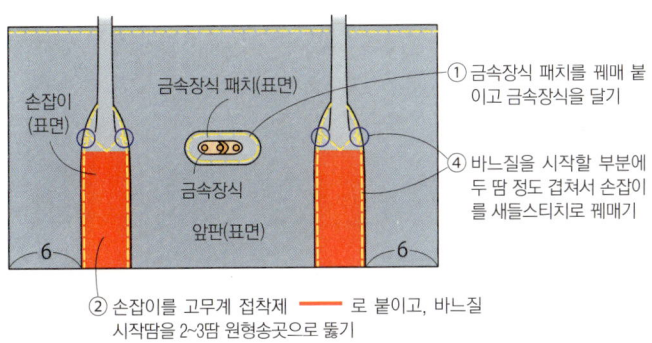

손잡이
(표면)

금속장식 패치(표면)

금속장식

앞판(표면)

6   6

① 금속장식 패치를 꿰매 붙
이고 금속장식을 달기

④ 바느질을 시작할 부분에
두 땀 정도 겹쳐서 손잡이
를 새들스티치로 꿰매기

② 손잡이를 고무계 접착제로 ━━ 로 붙이고, 바느질
시작땀을 2~3땀 원형송곳으로 뚫기

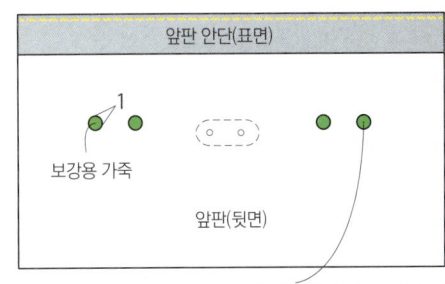

앞판 안단(표면)

1

보강용 가죽

앞판(뒷면)

③ ②에서 뚫은 구멍을 기준으로 바
느질 시작 위치에 보강용 가죽을
접착제로 붙이고, 다시 한 번 덧댄
가죽까지 구멍이 뚫리도록 표면에
서 원형송곳으로 뚫기

금속장식 다는 법

1 금속장식 패치를 앞판에 꿰매어 붙이고
원형 펀치로 구멍을 뚫는다.

2 리벳을 끼워 망치로 두드린다.

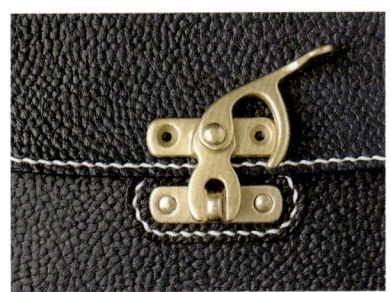

3 덮개 쪽 금속장식 위치를 확인해서 구
멍을 뚫고,

4 덮개 쪽 금속장식도 같은 방법으로 리
벳을 끼워서 단다.

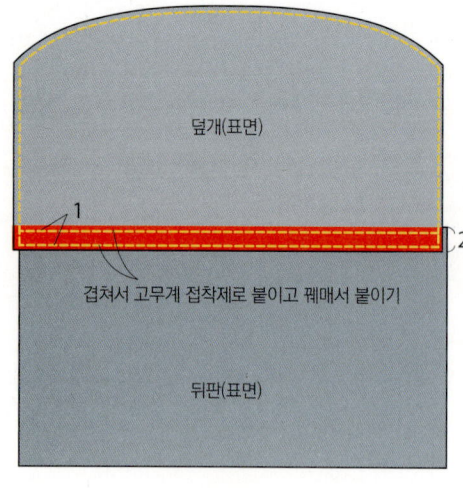

겹쳐서 고무계 접착제로 붙이고 꿰매서 붙이기

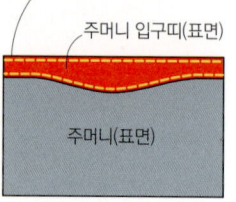

주머니에 입구띠를 고무계 접착제로 붙여서 새들스티치로 꿰매고, 입구 쪽 단면을 다듬기

주머니 입구띠(표면)

주머니(표면)

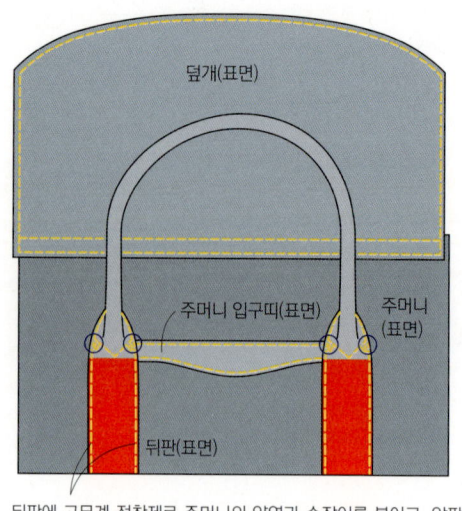

덮개(표면)

주머니 입구띠(표면)

주머니(표면)

뒤판(표면)

뒤판에 고무계 접착제로 주머니의 양옆과 손잡이를 붙이고, 앞판과 마찬가지로 손잡이를 꿰매기(바느질 시작땀은 3땀 겹친다). 가죽이 여러 겹 겹쳐서 바늘이 잘 통과하지 않을 때는 롱노즈 플라이어(평집게) 등으로 바늘을 잡아당겨서 빼면 편리(88쪽 참조)

8 몸판과 바닥을 꿰매어 연결한다(27~28쪽 참조)

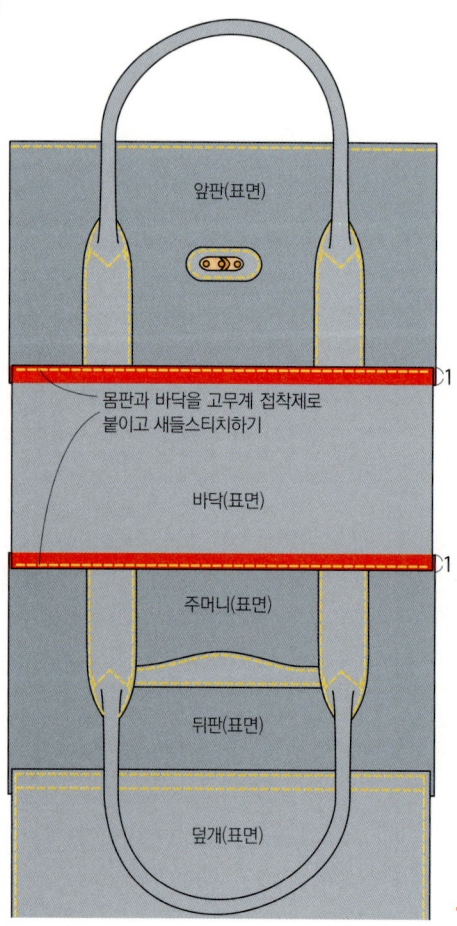

앞판(표면)

몸판과 바닥을 고무계 접착제로 붙이고 새들스티치하기

바닥(표면)

주머니(표면)

뒤판(표면)

덮개(표면)

— 고무계 접착제 바를 위치

9 몸판·바닥과 옆판을 꿰매어 연결한다

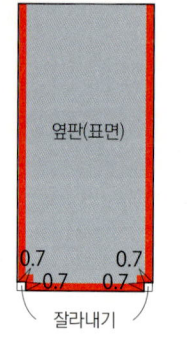

옆판(표면)

0.7   0.7
0.7 0.7

잘라내기

옆판의 모서리를 자르고, 몸판·바닥과 옆판을 고무계 접착제로 붙여서 새들스티치로 꿰매기

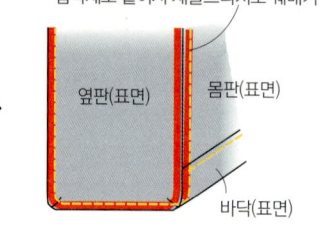

옆판(표면)   몸판(표면)

바닥(표면)

나머지 단면을 다듬어 마감하기(20쪽 참조)

약 23

35   11

깔끔하게 흰색 실로 통일해서 바느질한 것과
부분별로 실의 색상을 바꿔서 변화를 준 것.
같은 모양의 가방이라도 분위기가 사뭇 다릅니다.

가죽 공예 기초용어 찾아보기

가죽 공예의 기초

1판 1쇄 발행 | 2014년 7월 18일
1판 3쇄 발행 | 2016년 8월 5일

지은이 노타니 구니코
옮긴이 정은미
펴낸이 김기옥

실용본부장 박재성
편집 이나리, 류인경
영업 김선주
커뮤니케이션 플래너 손혜인
지원 고광현, 김주현
제작 김형식

디자인 올디자인
인쇄 · 제본 서정문화인쇄

펴낸곳 한스미디어(한즈미디어(주))
주소 121-839 서울시 마포구 양화로 11길 13(서교동, 강원빌딩 5층)
전화 02-707-0337 | **팩스** 02-707-0198 | **홈페이지** www.hansmedia.com
출판신고번호 제313-2003-227호 | **신고일자** 2003년 6월 25일

ISBN 978-89-5975-621-6 13590